BRAVO L'INDUSTRIE

UNE COLLECTION DIRIGÉE PAR OLIVIER ROLLOT
ET JEAN-PAUL DE JABRUN

1. **Débuter dans l'industrie aéronautique, spatiale, navale et ferroviaire**
2. **Débuter dans l'industrie de la transformation des matériaux et composites**
3. **Débuter dans l'industrie mécanique et micromécanique**
4. **Débuter dans l'industrie des composants et produits électriques et électroniques**
5. **Débuter dans l'industrie du matériel informatique et de la communication**
6. **Débuter dans l'industrie automobile**
7. **Les métiers de la gestion de l'information industrielle**
8. **Les métiers de la production industrielle**
9. **Les métiers de la création industrielle**
10. **Recrutement, mobilité, carrière : débuter et évoluer dans l'industrie**

Débuter dans l'industrie

Aéronautique, spatiale, navale et ferroviaire

CYRIL BONNEL

UI

l'Etudiant

SOMMAIRE

PARTIE 3 :

LES GRANDES FONCTIONS DE L'INDUSTRIE 71

PARTIE 4 :

COMMENT DÉBUTER 103

CARNET D'ADRESSES 119

INDEX 125

Les informations que nous publions dans ce livre sont à jour en juillet 1998.
Pour les actualiser ou pour les compléter, lisez chaque mois *l'Etudiant* ou tapez 36.15 LETUDIANT.

TRAVAILLER DANS L'INDUSTRIE

Plus de 45 000 entreprises, 2 millions de salariés, 1950 milliards de francs de chiffre d'affaires, 63 % des exportations de l'industrie manufacturière. Des grands groupes industriels aussi divers qu'Usinor-Sacilor, Renault ou Bull. Des milliers de petites et moyennes entreprises. L'industrie française occupe une place prépondérante au sein de l'économie française et recrute chaque année des milliers de jeunes qualifiés. Un mouvement qui ira en s'accentuant dans les années à venir pour de simples raisons d'évolution démographique et de renouvellement des effectifs.

■ Des postes à prendre

La reprise des investissements industriels que connaît l'industrie française depuis deux ans est porteuse en termes de création d'emplois. Seulement, les gains de productivité continuant à être très importants (3,5 % en moyenne sur la période 1992-1998) et le recours à l'intérim étant de plus en plus courant, l'industrie française semble souvent continuer à perdre des effectifs. Et, lorsqu'on parle d'un plan de 1 500 suppressions d'emplois là ou ailleurs, personne n'évoque les nombreuses créations d'emplois qui ont également lieu.

En termes d'embauche, trois fonctions (la production, la recherche et le commercial) recrutent le plus et permettent aux ingénieurs comme aux titulaires d'un baccalauréat professionnel, d'un diplôme universitaire de technologie (DUT) ou encore d'un diplôme d'études supérieures spécialisées (DESS, un troisième cycle universitaire orienté vers la vie professionnelle) d'avoir le vent en poupe.

L'industrie a même parfois du mal à dénicher des candidats de valeur pour certains postes. C'est particulièrement le cas

À SAVOIR

L'industrie moteur de l'activité

On a coutume de dire : « Quand le bâtiment va, tout va. » On devra dire désormais : « Quand l'industrie va, tout va. » Pour preuve cet extrait d'une note de l'Institut national de la statistique et des études économiques (INSEE) de mars 1998 : « Au second semestre de 1997, la reprise jusqu'alors industrielle s'est étendue au commerce et aux services et, dans une moindre mesure, au bâtiment. Le commerce de gros de biens intermédiaires et de biens d'équipement professionnel a particulièrement profité de la reprise industrielle à partir de l'été. De la même manière, les services aux entreprises ont renoué avec une croissance dynamique grâce au travail intérimaire puis aux autres services aux entreprises, en particulier les services informatiques. Le transport de marchandises, notamment par le rail, s'est également redressé dans la seconde moitié de l'année. (...) La poursuite de la croissance industrielle entraînerait le maintien d'une activité soutenue dans le commerce de gros. » Et voilà comment, d'abord industrielle, une reprise finit par toucher toute l'activité d'un pays...

des opérateurs qualifiés. Une situation d'autant plus préoccupante que les effectifs du secteur industriel ont souvent vieilli. « Si nous ne recrutions pas d'opérateurs qualifiés aujourd'hui, affirme ainsi le directeur central des ressources humaines du groupe Renault, M. Kerebel, c'est bien simple, dans vingt ans, nous n'aurions plus personne à ces postes. » Même réflexion du côté de la société de mécanique et de fonderie Bronze Acior, près d'Évreux, dont le P-DG affirme : « Nous nous battons déjà avec nos concurrents pour recruter à certains postes d'opérateurs très qualifiés, comme ceux de fraiseur ou d'ajusteur. »

La maturité après les restructurations

Depuis le début des années 60, des restructurations successives ont marqué l'industrie française et frappé les esprits. La conjoncture industrielle a évolué suivant quatre phases. Jusqu'à l'apparition du premier choc pétrolier de 1974, on assiste à une importante croissance de la production industrielle. Puis, jusqu'en 1983, l'industrie subit de fortes tensions liées à une concurrence exacerbée. Le gouvernement doit alors se résoudre à appliquer une politique de diminution des subventions qui est aussi une période d'assainissement pour les entreprises (1983-1987) et fait baisser leurs effectifs. Si certains secteurs – comme les houillères et le textile –, sont plus particulièrement touchés, tous les autres – construction électronique, parachimie-pharmacie, etc. – ont dû se restructurer.

Géographiquement, les restructurations n'ont pas touché toutes les régions de façon égale. C'est d'abord dans les régions les plus fortement industrialisées – Nord-Pas-de-Calais et Lorraine – que les effectifs ont le plus fortement diminué. De son côté, l'Île-de-France a abandonné de nombreuses activités industrielles au profit d'autres régions, et en particulier l'Ouest, le Midi-Pyrénées et l'Alsace. Depuis, on constate que, sans leur permettre de revenir à leur niveau historique, les régions Nord-Pas-de-Calais et Lorraine remontent la pente.

Un effort permanent d'adaptation

Si tous les secteurs industriels sont redevenus plus compétitifs, l'effort doit rester présent à chaque instant. Les modes de production par exemple ont été totalement modifiés. Au taylorisme et au travail à la chaîne, qui ont longtemps permis à l'industrie française de prospérer, se sont peu à peu substituées de nouvelles organisations qui font la part belle à la responsabilisation des individus. Un effort de formation continue du personnel est donc indispensable pour le maintenir à niveau.

Par ailleurs, des marchés se sont peu à peu ouverts, en particulier dans les nouveaux pays industrialisés (NPI) d'Asie du Sud-Est ou d'Europe de l'Est. Y exporter demande de sérieux efforts d'adaptation aux entreprises, tant pour la production que pour la commercialisation de leurs produits. Enfin, apparaissent chaque année des produits inédits, des technologies nouvelles, auxquels on ne songeait pas encore six mois avant. Là aussi, les sociétés doivent s'adapter et, mieux encore, être capables d'anticiper ces bouleversements grâce à ce que l'on appelle la « veille technologique ».

■ Les qualifications exigées

Un bon parcours vers la vie professionnelle, c'est aujourd'hui concilier des études relativement théoriques et un mode de formation plus pratique par le biais de l'apprentissage; pour résumer, entre intelligence inductive et intelligence déductive. Le raisonnement déductif part de propositions données, de lois mathématiques ou physiques, pour observer les faits. À l'inverse, l'induction consiste à se baser sur l'expérimentation et les faits réels pour en tirer des conclusions générales. Comme c'est le cas dans une formation en apprentissage, une voie d'ailleurs tout particulièrement appréciée dans le monde industriel et qui permet de donner leur chance à toutes les formes d'intelligence. Les diplômés qui sont passés par le moule de l'apprentissage présentent en effet la qualité rare de posséder à la fois la connaissance technique – qu'apporte la formation – et la connaissance culturelle de l'entreprise – grâce aux périodes passées au sein de l'une d'elles.

En apprentissage ou non, se retrouvent trois grands niveaux de qualification (opérateur, technicien, ingénieur) auxquels ne correspondent pas automatiquement des diplômes : on peut devenir ingénieur avec un certificat d'aptitude professionnelle (CAP) ou un bac pro par la voie de la formation continue, alors qu'un titulaire de DUT peut commencer comme opérateur. Dans l'industrie plus encore que dans les autres secteurs, il ne faut pas avoir peur de démarrer au bas de l'échelle !

ZOOM

Renault recrute surtout des opérateurs

Le recrutement global de Renault ces trois dernières années a tendance à baisser, surtout pour les ingénieurs et les techniciens. Les embauches d'opérateurs, elles, ont augmenté de 50 %.

Année	Ingénieurs	Techniciens	Opérateurs
1995	463	659	382
1996	372	530	454
1997	105	156	619

Actuellement, le premier niveau de qualification permettant de trouver un emploi dans l'industrie est le CAP. Ce certificat est ouvert après la troisième mais peut aussi se préparer à la suite d'études générales, scientifiques, littéraires, ou économiques postbac. Avec l'élévation continue du niveau de formation, il devrait logiquement se situer au niveau supérieur, celui du bac professionnel, ou même au-dessus dans les années à venir. Les entreprises industrielles recrutent également de nombreux titulaires de brevet de technicien supérieur (BTS) ou de DUT. Elles apprécient les diplômés sortant des écoles d'ingénieurs ou, depuis quelques années, ceux issus des instituts universitaires professionnalisés (IUP).

■ Comment débuter

Aujourd'hui, pour entrer dans une entreprise, il ne faut pas avoir peur de passer par la « petite porte », celle des stages mais aussi des petits boulots. Le jeune qui veut faire du cinéma et débute comme aide-assistant – c'est-à-dire ni plus ni moins

ZOOM

Apprentissage et qualification

Si vous avez moins de 26 ans, vous pouvez préparer la plupart des diplômes par le biais des contrats d'apprentissage et de qualification. Tous deux permettent de percevoir un salaire. Le contrat de qualification offre la possibilité dans un délai ajusté de compléter un diplôme en lui ajoutant une qualification reconnue par une branche professionnelle sur l'ensemble du territoire national : le certificat de qualification paritaire de la métallurgie (CQPM) pour l'industrie. Tout au long du cursus, vous alternerez périodes de formation et périodes de travail en entreprise sous la tutelle d'un maître d'apprentissage. Le temps passé en entreprise représente environ 50 % du temps de formation. Le reste du temps se déroule au sein d'un centre de formation d'apprentis de l'industrie (CFAI).

qu'un porteur de café et de chaises – deviendra peut-être un jour metteur en scène. Tout jeune diplômé doit aujourd'hui s'interroger sur cet exemple et considérer, qu'après avoir repéré la société qui lui convient, il doit se donner les moyens d'y entrer. On ne compte plus ceux qui ont démarré dans leur entreprise en y faisant des paquets durant l'été.

Dans cette optique, un job, même de courte durée, est souvent plus intéressant qu'un stage. Il vous permet de vous confronter à un véritable travail exercé dans des conditions réelles. L'important est de vous faire remarquer à ces occasions par la qualité de votre travail, votre soif d'apprendre, mais aussi vos capacités de proposition. Vous vous ouvrirez ainsi toutes grandes les portes du monde de l'industrie…

PARTIE 1

AUJOURD'HUI ET DEMAIN

Construire les appareils capables de voler, de naviguer et de rouler pour transporter des personnes et des produits. Voilà les objectifs, depuis ses origines, de l'industrie aéronautique, spatiale, navale et ferroviaire. Plus précisément, il s'agit de créer, de fabriquer et de diffuser les outils indispensables au développement des échanges, qu'ils soient humains ou marchands. C'est aussi le but des hommes et des femmes qui travaillent chaque jour à relever des défis toujours renouvelés. Celui des hautes technologies et des nouveaux matériaux dont l'aéronautique et le spatial sont de grands consommateurs; celui de la vitesse avec par exemple le TGV ou de la capacité des appareils. Le tout dans une course mondiale à la réduction des coûts de production.

L'industrie aéronautique, spatiale, navale et ferroviaire couvre de larges secteurs de l'économie et une incroyable variété de spécialités professionnelles. Quoique diversifiées, elles se retrouvent autour de quelques traits communs, et sont liées, depuis leur naissance, au travail des métaux.

SOMMAIRE

LES POINTS COMMUNS

Quel point commun réunit un hublot de voilier, un fauteuil de train et un moteur d'avion, un satellite de télécommunications et un paquebot de croisière de luxe ? Contrairement aux apparences, ces produits se rattachent tous au vaste secteur de la construction aéronautique, spatiale, navale et ferroviaire. Ils présentent même des points communs indéniables que nous vous présentons ici.

Tous ces secteurs qui appartiennent à l'industrie touchent, de près ou de loin, le travail et la transformation des métaux. D'un point de vue historique, ces activités sont liées à la sidérurgie. Ce qui explique qu'au départ elles aient été surtout localisées dans le quart nord-est de la France, aux abords des sites d'extraction du minerai de fer. À l'exception des chantiers navals situés pour des raisons évidentes au bord de la mer. Pourtant, ces secteurs ont rapidement évolué : les coques des bateaux de plaisance sont souvent faites de matériaux composites et font donc davantage appel à la plasturgie qu'aux hauts-fourneaux.

Quant aux équipementiers, ils couvrent un très grand nombre de domaines. De la décoration des wagons du métro au design industriel en passant par les instruments de navigation aérienne ou l'éclairage des coursives de bateaux, les sous-traitants font graviter une infinité de techniques et donc de compétences autour de la construction aéronautique, spatiale, navale et ferroviaire.

LE RYTHME IRRÉGULIER DES COMMANDES

Quelle que soit la taille des entreprises, ces quatre secteurs présentent des caractéristiques communes, dues par exemple, aux fluctuations imposées par le rythme irrégulier des commandes et à leurs conséquences sur l'emploi. D'où l'importance du carnet de commandes qui détermine la vie de l'entreprise.

■ S'adapter en permanence

Suivant le niveau de remplissage de son carnet de commandes, la société va pouvoir faire des projets à moyen ou long terme, moduler son plan de charge, adapter ses rythmes de production, embaucher ou licencier des collaborateurs, avoir recours à l'intérim. Dès qu'un contrat est signé, la production est organisée afin de respecter les coûts et les délais de livraison : à partir de ce moment-là, le service du personnel est à même d'établir un planning, de déterminer ce dont il a besoin, quand et pour combien de temps.

De cette manière, l'activité d'un constructeur de navire comme les Chantiers de l'Atlantique ou d'un avionneur comme Dassault varie considérablement suivant les commandes à satisfaire. D'autant plus qu'une commande est parfois l'affaire de négociations à un très haut niveau, impliquant des responsables économiques et politiques. C'est notamment le cas pour toute la branche militaire de l'aéronautique ou du spatial. Mais aussi dans le cas de grandes commandes civiles d'avions, d'équipements ou de réseaux ferroviaires, de satellites ou même de navires.

■ Le contexte économique mondial

Parfois, un appui politique peut accélérer la signature d'un contrat : il arrive même que le président de la République n'hésite pas à se transformer en « VRP de l'industrie française » afin de vanter à l'étranger les qualités des productions nationales. Surtout lorsque celles-ci sont en compétition pour décrocher un appel d'offres. Le contexte économique mondial, parfois celui d'une région ou d'un pays en particulier, comme avec la récente crise asiatique, peuvent être à l'origine d'une décision inattendue.

ZOOM

Regroupement et filialisation des activités

De plus en plus d'entreprises réorganisent leurs activités, croisent leurs participations, se rachètent, fusionnent, connaissent des regroupements jusqu'à ne plus savoir clairement qui fait quoi, qui possède qui. D'où l'idée de certains groupes de changer de dénomination pour mieux coller à leurs activités nouvelles et pour des raisons d'image. De cette manière, la Compagnie générale des Eaux s'est-elle changée en Vivendi. Les Chantiers de l'Atlantique, quant à eux, sont la propriété d'Alstom (le nouveau nom de GEC Alsthom). Dans la perspective de créer le géant de la construction aéronautique européenne en collaboration avec ses concurrents du Vieux Continent, Aérospatiale réorganise ses activités sous forme de multiples filiales.

Pourquoi de tels bouleversements ? La mondialisation de l'économie et le démantèlement des entraves à la libre circulation des capitaux et des produits ont profondément modifié la façon de travailler des entreprises. Pour rester dans la course à la concurrence mondiale, les sociétés cherchent à se renforcer afin d'atteindre une taille suffisante pour rivaliser au niveau planétaire. D'où ces bouleversements qui n'épargnent aucune zone économique du monde.

Ainsi, les entreprises sont soumises à des aléas, à des prises de décisions qu'elles ne maîtrisent pas totalement. D'où des difficultés à se projeter au-delà de un ou deux ans. Cette durée de temps représente souvent le délai entre la signature d'un contrat et la livraison de l'appareil.

LA SOUS-TRAITANCE

La sous-traitance est l'une des caractéristiques de la production industrielle : cette organisation consiste pour des « donneurs d'ordres » à déléguer une partie de leur fabrication à d'autres entreprises, souvent de taille inférieure. Il en existe différents types.

■ Le principe de la sous-traitance

Par exemple, un fabricant d'avions comme Dassault va demander à Labinal, une entreprise spécialisée dans le câblage, de lui fournir les câbles électriques utilisés dans un certain type d'aéronef. Faire fabriquer ce produit à une entreprise extérieure comme le fait Dassault relève de plusieurs raisons. Soit le fabricant d'avions ne possède pas l'expertise nécessaire dans ce domaine, notamment lorsque ce produit nécessite la maîtrise de techniques pointues, de matériels particuliers ou de certains procédés de fabrication exclusifs : c'est la sous-traitance de spécialité. Soit le constructeur juge plus pratique de commander ses pièces à l'extérieur suivant ses besoins, ainsi il n'a pas à gérer des personnels qu'il n'utilise pas en permanence : c'est la sous-traitance de capacité qui permet de répondre à une demande supérieure à ses besoins habituels. Il y a aussi la sous-traitance de fonction où le donneur d'ordres confie à des entreprises des étapes complètes de la production.

Dans tous les cas, la sous-traitance permet au donneur d'ordres d'accroître sa rentabilité et de baisser ses coûts de production. De plus, l'entreprise sous-traitante peut représenter un vivier idéal pour trouver de nouveaux collaborateurs, dans certains cas déjà formés aux techniques du donneur d'ordres.

■ Contrôler son sous-traitant

Mais, en contrepartie, le donneur d'ordre doit contrôler parfois étroitement le niveau de qualité de son fournisseur, voire délivrer dans certains cas des licences particulières à certains

À SAVOIR

Une compétition exacerbée

Sous l'effet de la mondialisation des échanges et de la suppression des entraves à la liberté du commerce, les constructeurs de matériel de transport se retrouvent lancés dans une compétition féroce, souvent sur un même marché pour décrocher les mêmes contrats.

Pour accroître leur compétitivité, les industriels sont confrontés à des concurrents capables de baisser leurs coûts de production, qu'ils s'appuient pour cela sur l'organisation de la fabrication, le prix du travail ou celui des matières premières. Pourtant, les constructeurs d'avions, par exemple, ne peuvent que difficilement délocaliser leur production au même titre qu'un fabricant d'objets en grande série. Les matériaux meilleur marché ne sont pas légion. D'où des efforts particulièrement concentrés sur la recherche, le développement et la rationalisation de la production : tout ce qui peut rendre le produit plus sûr, plus facile à piloter et à exploiter. C'est ce qui explique la sur-représentation des postes hautement qualifiés dans l'aéronautique.

Toutes les étapes de la production sont concernées par cet objectif qui prend parfois l'allure d'un véritable défi. Certaines entreprises doivent s'adapter à des réductions de prix de 10 % par an, qu'il s'agisse de grands « donneurs d'ordres » ou de sous-traitants. Dans ce dernier cas, les réductions de coûts sont une question de vie ou de mort s'ils n'ont pas su diversifier leurs débouchés.

Quel que soit le secteur, le prix d'achat pour le client doit baisser, le produit doit générer de faibles dépenses en matière de consommation d'énergie, d'équipement (par exemple : voies nouvelles ou anciennes pour les trains à grande vitesse) ou de maintenance. Cet aspect est devenu aujourd'hui un argument clé dans la vente d'un nouvel équipement : les exploitants recherchent les solutions qui leur permettront de limiter leurs dépenses courantes.

employés du sous-traitant. Car faire fabriquer en externe peut représenter un point faible : si un sous-traitant disparaît par manque de commandes, il peut aussi entraîner dans sa chute des savoir-faire précieux qui, le moment venu, pourraient faire gravement défaut au « donneur d'ordres ». Autre problème : si le rythme de production d'un fournisseur est perturbé, toute la chaîne de fabrication peut être bloquée.

Dans certains cas, la sous-traitance peut représenter aussi une aubaine : par des accords de partenariat, un sous-traitant se lie pour plusieurs années à une grande entreprise. Cela lui permet de faire des prévisions de développement sur plusieurs années, de rassurer ses créanciers, d'anticiper la gestion de son personnel. Mais, si un « donneur d'ordres » ressent des difficultés, tous les sous-traitants vont s'en trouver affectés. Eux aussi doivent moduler leur production et surtout diversifier leur clientèle. Ils doivent trouver toujours de nouveaux débouchés afin de ne pas rester en panne de contrats. En somme, tous les acteurs sont dépendants les uns des autres.

LE RÔLE DES HAUTES TECHNOLOGIES

Les hautes technologies sont aujourd'hui présentes à tous les niveaux de la production. Par exemple, la connaissance de l'informatique est une compétence aujourd'hui réclamée par les entreprises, quel que soit le niveau de qualification du salarié.

■ Les machines-outils à commande numérique

Les opérateurs comme les tourneurs ou les fraiseurs ont parfois oublié ce qu'était le travail de leurs pairs, il y a encore une dizaine d'années. Nombre d'entre eux pilotent à présent des machines-outils (tours, fraises...) à commande numérique (MOCN) : le dispositif est piloté depuis le clavier de l'ordinateur, en utilisant un logiciel qui autorise la programmation de différentes opérations. C'est donc la machine qui va effectuer le travail et non plus l'outil dirigé directement par la main de l'homme. Ce qui ne signifie pas qu'il est inutile de connaître la fraise ou le tour manuel. Bien au contraire. Le métier est toujours le même, mais de nouvelles aptitudes sont venues s'ajouter au savoir-faire traditionnel. D'une activité exclusivement manuelle, on est parvenu à un poste qui demande des compétences pratiques, techniques mais aussi intellectuelles : le programmeur doit pouvoir s'adapter rapidement au programme, savoir utiliser les différentes potentialités du logiciel, être sûr du résultat de la machine.

Plusieurs générations de commandes numériques (CN) existent : les premières CN manquaient de souplesse tandis que les dernières versions à calculateur (CNC) permettent une variété d'opérations et d'adaptations plus importante.

■ La conception assistée par ordinateur

Même chose pour le métier de dessinateur industriel où la conception assistée par ordinateur (CAO) a complètement bouleversé la profession. On est passé en quelques années de la table à dessin traditionnelle avec règle et équerre à l'écran d'ordinateur qui permet de visualiser les pièces en trois dimensions. Les logiciels sont également capables de concevoir des prototypes et de faire ainsi gagner beaucoup de temps dès la conception. Ce gain de temps incroyable ne dispense pas de connaître les méthodes traditionnelles. Le logiciel est capable d'intégrer plusieurs paramètres, comme la nature du matériau ou sa résistance, et de concevoir un produit en tenant compte de ces informations.

La conception et fabrication assistées par ordinateur (CFAO) sert à mettre au point des procédés de fabrication des pièces. Utilisé par le service des méthodes, la CFAO a simplifié et rendu plus performant le travail du préparateur.

LES SPÉCIFICITÉS, SECTEUR PAR SECTEUR

Au-delà de leur appartenance commune à l'industrie, chaque secteur de la construction aéronautique, spatiale, navale et ferroviaire présente des spécificités : des professions, certaines spécialités, des processus de fabrication ou même des matériaux qui leur sont propres. Chaque secteur a son image, liée à son histoire et à ses produits. Si certains métiers de la construction navale remontent à plusieurs siècles, voire à l'Antiquité, l'essor de l'industrie ferroviaire est intimement lié à la révolution industrielle du XIXe siècle. Quant à la conquête des cieux, il a fallu attendre la fin du XVIIIe siècle pour voir les premières montgolfières s'y élever. Enfin, la conception des premiers engins spatiaux date des années 50.

LA CONSTRUCTION DE NAVIRES ET LA FILIÈRE NAUTIQUE

Attention à ne pas confondre la construction navale et celle de plaisance : ces deux filières se distinguent clairement l'une de l'autre par la taille des bateaux, par les matériaux utilisés, par les structures de production et par l'usage des embarcations. Les chantiers de plaisance travaillent pour les loisirs ou la compétition, ils ont surtout recours aux composites. La construction navale appartient au domaine de l'industrie lourde, elle se consacre aux unités importantes, parfois gigantesques : c'est le domaine des super-tankers et des paquebots de luxe mais aussi des activités militaires avec ses arsenaux.

■ La construction navale

La construction navale comprend la conception, la fabrication et l'équipement des navires civils, qu'il s'agisse de bâtiments servant au transport des marchandises ou à celui des passagers.

GROS PLAN

Les Chantiers de l'Atlantique à Saint-Nazaire

Depuis l'installation des premiers chantiers de construction navale à Saint-Nazaire au XIXe siècle, l'entreprise et la ville sont intimement liées. Pour le meilleur et pour le pire. Notamment pendant les « années noires » qui ont suivi le choc pétrolier de 1973. Aujourd'hui, avec 4 000 employés (près des deux tiers de l'effectif total des chantiers français), cette société du groupe Alstom réalise à elle seule environ 60 % du CA national du secteur.

Pour répondre à la concurrence, les Chantiers ont su se spécialiser dans les grands navires de luxe. Mais pas seulement : les navires de recherche, les vedettes rapides pour la Marine, les méthaniers comme la série réalisée pour la Malaisie ou encore les navires à grande vitesse qui permettent de relier, par exemple, la Corse au continent en trois heures. Fort de cette expérience, le carnet de commandes ne cesse de se remplir : il totalise actuellement 18 millions d'heures de travail, plus les projets non encore finalisés. Dès à présent, les Chantiers ne devraient pas manquer d'activité et ce jusqu'en septembre 2002.

Cette bonne santé retrouvée est aussi le résultat des réformes internes lancées depuis ces dernières années : le travail en équipes polyvalentes s'est généralisé, la formation a été développée, les postes de travail sont décloisonnés, les niveaux hiérarchiques entre le sommet et la base moins nombreux. Le nouveau P-DG, Patrick Boissier, entend bien relever le défi de la mondialisation : baisse des coûts de production de 30 % sur trois ans. Son but est de se passer des aides à la construction navale : l'État français verse 9 % du montant pour chaque commande décrochée par un chantier. Mais ce coup de pouce est menacé par la diminution de l'intervention de l'État et l'harmonisation de la concurrence.

Ces bateaux peuvent aussi être utilisés pour la pêche, pour des études scientifiques (études sismiques, mesures de trajectoires, océanographie…), mais aussi pour transporter toutes sortes de productions. Mais, par construction navale, on entend aussi la fabrication de plates-formes de forage en mer, les autres structures flottantes mais aussi les moteurs installés à bord (groupes électrogènes) qui fournissent l'énergie nécessaire au forage.

Les modes de production. Dans tous les cas de figure, la construction de navires mobilise un très grand nombre de secteurs et de productions. Pour réaliser un bateau, il faut non seulement mettre au point une coque mais aussi des moteurs : c'est le B.A-Ba de tout navire. Ensuite, suivant l'usage du bâtiment, il faut des équipements spécialisés livrés par les sous-traitants. Autant dire que les fournisseurs sont nombreux à intervenir et sont à l'origine de multiples métiers qu'on ne retrouve pas forcément chez le donneur d'ordres.

Les produits manufacturés les plus divers peuvent être acheminés d'un bout à l'autre du monde, parfois dans des containers ou tels quels comme, par exemple, les automobiles. Ce moyen de transport peut aussi concerner des céréales ou d'autres produits agricoles avec des navires équipés d'espaces réfrigérés. Il existe même de véritables bateaux-usines pour la pêche en haute mer qui permettent de préparer et de congeler le poisson dès sa sortie de l'eau. Enfin, en l'absence d'acheminement par oléoduc ou gazoduc, la voie maritime concerne aussi des matières premières comme le pétrole (brut ou déjà raffiné) et le gaz liquéfié : des bateaux spécialement adaptés, les méthaniers, sont équipés de cuves à membranes (cloisons).

Quant au transport des passagers, il peut se faire par les navires de croisière, les navires à grande vitesse (NGV), les ferries, les vedettes rapides ou les aéroglisseurs.

Des spécialités françaises. En France, la construction navale a été frappée de plein fouet par le choc pétrolier de 1973.

REPÈRES

Les principaux producteurs dans le monde

Au niveau mondial, le premier pays producteur en volume est le Japon qui pèse, dans le secteur, le même poids que tous les pays d'Europe occidentale réunis. Les Japonais sont leader dans la construction de vraquiers (transport en vrac), de méthaniers et de bateaux-citernes. Les Coréens, numéro 1 pour les chimiquiers, ont produit un tiers des pétroliers et un quart des porte-conteneurs sur la période 1993-1997. Depuis peu, ils se sont mis à fabriquer aussi des méthaniers, devenant sur ce créneau des concurrents directs des Français.

Société	Pays	CA 1997 estimé en millions de $ US
1 - Hyundai	Corée du Sud	2500
2 - Daewoo	Corée du Sud	2200
3 - Mitsubishi	Japon	2000
4 - Kvaerner	Suède	1600
5 - Samsung	Corée du Sud	1500
6 - Fincantieri	Italie	1300
7 - IHI	Japon	1000
8 - AESA	Espagne	1000
9 - Mitsui	Japon	800
10 - Kawasaki	Japon	800
11 - Halla	Corée du Sud	700
12 - Chantiers de l'Atlantique	France	700

Remarque : le consortium chinois (République Populaire de Chine) China State Ship Building Corporation (CA 1997 estimé pour la partie civile : 2500 millions de $ US) qui regroupe la plupart des chantiers de RPC est en cours de démantèlement.

Source : Chambre syndicale des constructeurs de navires (CSCN), 1997.

REPÈRES

Les emplois dans l'industrie navale en France

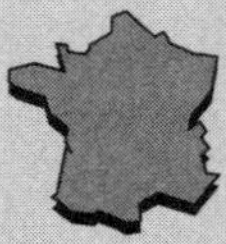

Nous vous présentons le nombre d'emplois existants dans la construction et la réparation navales civiles, hors constructeurs d'appareils propulsifs.

Année	Grands et moyens chantiers de construction	Chantier de réparation	Total
1990	6658	1350	8008
1991	6185	1350	7535
1992	6100	1300	7400
1993	6130	920	7050
1994	6150	1000	7150
1995	6300	1000	7300
1996	6100	900	7000
1997	5900	800	6700

Source : CSCN, 1997.

Les grands chantiers comme ceux de La Ciotat (Bouches-du-Rhône) ont fermé leurs portes en 1987, licenciant des milliers de professionnels du secteur. Les effectifs de ce dernier sont passés de 23 000 en 1983 à 6 700 au 31 décembre 1997. Autre handicap : la France a vu disparaître plusieurs de ses grands armateurs. Il n'existe donc plus de véritable marché intérieur pour la construction navale, contrairement à ce qui se passe pour la plupart des autres pays fabricants. Les constructeurs nationaux doivent souvent aller chercher les clients à l'étranger. En 1996, 90 % de la production des chantiers navals civils français (adhérents CSCN) était destinée à l'exportation contre 62 % en 1990.

Mais les restructurations qui ont suivi cette période ont aussi abouti à des regroupements et des spécialisations. En effet, la construction de grands bâtiments se caractérise par un petit nombre de constructeurs, environ 35. En 1995, les quatre premières entreprises françaises du secteur ont réalisé 93 % du CA et 97 % des ventes à l'étranger. Le chiffre d'affaires du secteur s'élève à 5,5 milliards de francs, dont 4 milliards sont réalisés par les seuls Chantiers de l'Atlantique. Ces grandes entreprises se situent au cœur d'un réseau fait d'une multitude de PME-PMI sous-traitantes dont beaucoup se consacrent à la fabrication d'équipements. Tant et si bien que le nombre d'emplois dépendants des grands chantiers atteint environ 20 000 salariés.

Les Français s'illustrent aujourd'hui dans plusieurs spécialités utilisant des technologies de pointe et des savoir-faire spécialisés : il s'agit des méthaniers, dont 14 % de la production mondiale est française (période 1993-1996). Mais aussi des navires de transport de passagers : la France a livré 10 % de la production mondiale entre 1993 et 1996, au sein d'un marché largement dominé par les Européens (89 % des livraisons). Les navires à grande vitesse (dont le spécialiste, Leroux et Lotz a été repris par les Chantiers de l'Atlantique), les ferries et les paquebots de luxe sont devenus les spécialités des chantiers hexagonaux. Ce sont en fait les commandes américaines de la fin des années 80 qui ont donné le signal de la reprise (notamment des embauches), comme aux Chantiers de l'Atlantique.

Les chimiquiers et les méthaniers dotés de cuves à membranes sont aussi un domaine où les constructeurs hexagonaux ont acquis un savoir-faire particulier. Pourtant, la vivacité de la concurrence asiatique et la mondialisation de l'économie vont obliger les entreprises à produire encore moins cher dans les prochaines années. Surtout que les aides publiques à la construction navale (9 % du montant de chaque commande de navire) vont disparaître bientôt. Donc, mieux vaut s'y préparer. Les Chantiers de l'Atlantique ambitionnent de réduire

GROS PLAN

Le *Vision of the seas*

Mis à l'eau en avril 1998, ce paquebot de luxe est le dernier navire d'une série de quatre dont les premiers contrats ont été signés en 1993. Mais depuis 1987, les Chantiers de l'Atlantique ont livré ou pris en commande en tout 21 bâtiments de luxe.

Ces paquebots font revivre la légende des grands bâtiments de luxe comme le *Normandie* et le *France*, sortis des chantiers de Saint-Nazaire des années 30 au début des années 60. Ils sont réalisés pour des exploitants tels que Renaissance, Royal Carribean Cruise Line (RCCL), P&O ou encore la Société Nationale Corse Méditerranée (SNCM). De telles commandes évoquent des chiffres gigantesques :

• 15 000 tonnes d'acier ont été nécessaires à la construction d'un bateau du type *Vision of the seas*, c'est-à-dire deux fois la quantité utilisée pour la tour Eiffel ;

• la puissance totale installée est presque celle nécessaire à une ville de 70 000 habitants ;

• ce sont 2 417 passagers et 783 membres d'équipage qui prennent place à bord. Enfin, ces projets mobilisent des millions d'heures de travail pour les Chantiers. Mais aussi pour la multitude des sous-traitants du bassin économique nazairien : un paquebot de luxe nécessite des équipements nombreux, perfectionnés et d'un haut niveau de qualité.

leurs coûts de production et de redéployer une partie de l'activité vers les sous-traitants. Mais ces derniers devront s'adapter à ces nouvelles contraintes.

■ La construction de plaisance et de pneumatiques

La plaisance est le domaine privilégié des Français. La construction nautique française se situe au premier rang avec environ 35 % de la production mondiale de voiliers et de pneumatiques en 1996. La France est leader mondial sur ces deux produits depuis plus de quinze ans.

La filière nautique, toutes composantes confondues, génère un CA de 10 milliards de francs : au total, ce sont 30000 personnes qui y travaillent, dispersées dans un réseau de près 3 000 entreprises dominé par quelques grands fabricants comme Bénéteau, installé en Vendée, ou Zodiac en Charente-Maritime. La seule partie production représente 5 000 emplois et engendre un CA d'environ 3 milliards de francs (1996).

Les entreprises du nautisme sont essentiellement de petite taille : à l'inverse de la construction navale, la PME de moins de dix salariés domine très largement la branche : sur 374 entreprises, 317 comptent moins de dix collaborateurs.

Au niveau régional, la grande majorité des emplois est localisée sur les côtes, surtout la zone sud-atlantique. Les régions phares sont l'Aquitaine, le Poitou-Charentes et les Pays-de-la-Loire. La Vendée est le premier département pour la filière nautique avec 2485 emplois à la fin de 1997 dont près de 2 000 rien que dans la construction. Suivi de près par la Charente-Maritime avec un total de 2086 salariés dont la moitié dans la construction. En fait, ce sont trois emplois sur cinq (2987 sur 5 000) dans la construction nautique qui sont concentrés dans ces deux départements.

En 1997, le parc de bateaux immatriculés a atteint 921 500 unités en France, DOM-TOM inclus. Les voiliers pour particuliers compris entre 9 et 24 mètres de longueur forment l'essentiel des ventes. C'est aussi un secteur dynamique en matière

GROS PLAN

La production française en CA par régions

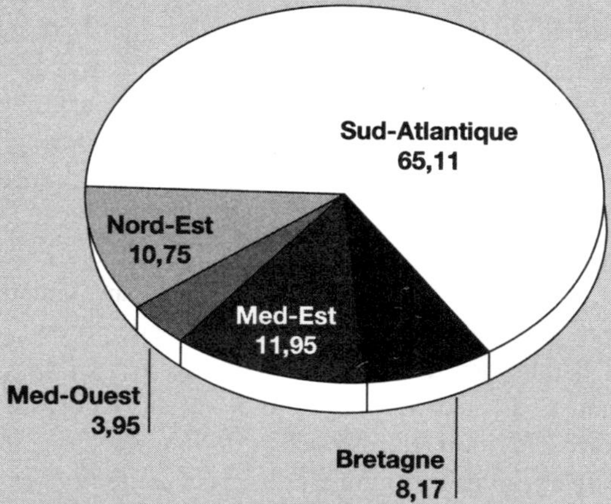

Méditerranée-Est : Provence-Alpes-Côte d'Azur
Méditerranée-Ouest : Languedoc-Roussillon
Nord-Est : Basse-Normandie, Haute-Normandie, Nord-Pas-de-Calais
Sud-Atlantique : Aquitaine, Pays-de-la-Loire, Poitou-Charentes.

Source : Fédération des industries nautiques (FIN), 1997.

d'exportations puisque la France vend plus qu'elle n'achète à l'étranger (plus des deux tiers du CA voiliers proviennent des ventes à l'international), et ce quelle que soit la catégorie : voiliers, bateaux à moteurs, planches à voile ou pneumatiques. Un des premiers bénéficiaires : Bénéteau.

Le poids de Bénéteau. Si la France est leader mondial de la construction de plaisance, c'est surtout grâce à la place imposante qu'occupe Bénéteau. L'entreprise, destinée à fabriquer des chalutiers à voile, est née au XIXe siècle à l'initiative d'un architecte naval originaire de Croix-de-Vie : Benjamin Bénéteau. Elle domine aujourd'hui le marché mondial des voiliers. Le réseau de ses représentants s'étend au monde entier, un site de production a même été créé aux États-Unis.

À présent, le groupe Bénéteau se diversifie vers des métiers qui lui sont liés. Après avoir absorbé un de ses concurrents dans la plaisance (Jeanneau en 1995), le groupe, dirigé par Annette Roux, diversifie ses activités vers la pêche professionnelle et les bateaux de luxe, en rachetant notamment les chantiers Wauquiez (1997). Avec les Chantiers navals de Bordeaux (CNB) pour la construction de grands voiliers et Lagoon pour les catamarans, ainsi qu'une gamme de bateaux de plaisance à moteur, Bénéteau peut proposer un éventail complet de produits. Le groupe élargit aujourd'hui encore ses activités avec O'Hara, un fabricant spécialisé dans les maisons de vacances mobiles. De même avec Microcar, le constructeur de voitures sans permis. Ces secteurs ont en commun d'utiliser des composites et des techniques des composites qu'on retrouve dans la plaisance.

Avec les trois quarts de son activité liés à la plaisance, le groupe entend poursuivre son développement et bénéficier de la reprise de l'économie mondiale.

LA CONSTRUCTION AÉRONAUTIQUE ET SPATIALE

Dassault, Aérospatiale, SNECMA... Derrière ces noms célèbres se cachent des dizaines de produits, des hélicoptères aux Mirages de chasse en passant par les satellites ou les avions de transport de voyageurs. Une diversité de productions qui font appel à une multitude de métiers. Faire voler un hélicoptère ou décoller un Airbus, transmettre des centaines de programmes par satellite grâce à la technologie numérique demande de connaître des techniques de pointe, de maîtriser un savoir-faire et une expertise que peu de pays partagent dans le monde.

REPÈRES

La construction aéronautique et spatiale en chiffres

Nous vous présentons ici les huit premiers groupes de la construction aéronautique et spatiale française.

Rang	Société	CA(1)	Effectifs
1	Aérospatiale	50,9	37718
2	Thomson-CSF	36,3	46500
3	SNECMA	18,7	21044
4	Dassault Aviation	13,0	12036
5	Labinal	11,7	18844
6	Eurocopter	9,5	6100
7	GIAT Industries	8,4	15000
8	Sextant Avionique	4,9	6062

(1) CA en milliards de francs.

Source : Les Échos, *1997.*

La domination de quelques géants

Aux côtés des grands noms du secteur, un important réseau de PME-PMI sous-traitantes participe largement à la production. Au total, près de 100 000 personnes travaillent dans les grandes entreprises de la construction aéronautique et spatiale en France, plus 80 000 dans la sous-traitance.

La construction aéronautique et spatiale occupe une large place au sein de l'industrie française. Elle est la première en Europe et la seule, avec les États-Unis à pouvoir proposer une gamme complète de produits : en somme, un des secteurs où les Français jouent dans la cour des grands et peuvent rivaliser avec les constructeurs d'outre-Atlantique.

Ce secteur de l'industrie est largement impliqué dans des programmes de coopération internationale à l'échelle européenne ou mondiale : si des Airbus sont assemblés en France, les pièces proviennent de toute l'Europe et même des États-Unis. Inversement, des fabricants français travaillent pour des avionneurs américains. Ce qui fait de ce secteur un élément central des exportations françaises : il arrive souvent que les bons résultats de la France à l'export soient le seul fait de quelques Mirages, mais avec les contraintes de politique étrangère que cela implique.

■ Des réorientations récentes

Pendant longtemps, les industries aéronautiques et spatiales ont vécu des commandes militaires de l'État français, sans se soucier beaucoup du marché mondial de l'aviation civile. Mais la chute du mur de Berlin et l'amoindrissement de la menace soviétique ont fait rapidement fondre les crédits militaires des États d'Europe occidentale.

Du militaire vers le civil. En France, le budget d'équipement de la défense a été réduit de 30 % en volume depuis 1990, avec les retombées que cela implique sur les fabricants français. Il y a dix ans (en 1988), 58 % du chiffre d'affaires de l'industrie aéronautique et spatiale française provenaient des ventes de matériel militaire ; en 1997, 60 % du chiffre d'affaires provient des activités civiles. Et la tendance va se confirmer puisque plus des deux tiers des commandes enregistrées le sont pour le civil.

De plus, le démantèlement progressif des barrières douanières et la mondialisation des échanges économiques ont amené les entreprises à subir une concurrence devenue planétaire. L'industrie a dû rapidement s'adapter à la nouvelle donne, réorienter la production vers le civil et rendre ses produits encore plus compétitifs. Le marché est mondial : en 1997, pour les constructeurs français, 71 % du CA a été obtenu grâce aux exportations.

REPÈRES

L'industrie aéronautique et spatiale mondiale

Rang	Pays	CA[1]	Effectifs
1	États-Unis	81 289	548 200
2	France	12 877	97 500
3	Grande-Bretagne	12 334	110 549
4	Allemagne	6 708	63 335

(1) CA 1995 en millions d'écus.

Source : Groupement des industries aéronautiques et spatiales (GIFAS).

Cette évolution contribue à accélérer les fusions et les regroupements dans le secteur : l'aéronautique française et européenne se réorganise, Mac Donell Douglas et Boeing ont fusionné leurs activités jusqu'à parvenir à la situation actuelle où deux principaux avionneurs civils dominent largement le secteur au niveau mondial : Airbus et Boeing.

Des perspectives favorables. Le trafic aérien mondial a connu un taux de croissance de 7,5 % en 1997. Selon une récente étude menée par la firme Boeing, le trafic mondial devrait croître en moyenne de 4,9 % par an pendant les vingt prochaines années et le nombre d'appareil en service devrait doubler : de 11 500 en 1996 à 23 600 prévus en 2016. L'étude envisage que les compagnies achèteront au total 16 000 nouveaux avions sur vingt ans.

L'industrie aéronautique et spatiale française confirme la reprise amorcée en 1996. Les entreprises adhérentes du Groupement des industries aéronautiques et spatiales (GIFAS, qui regroupe 98 % des entreprises du secteur) ont vu leur chiffre d'affaires augmenter de 19,4 % en 1997 par rapport à 1996 pour atteindre

130,2 milliards de francs. La progression profite aux différents domaines : constructeurs de cellules d'aéronefs, motoristes et équipementiers. Le carnet de commandes s'est bien rempli pour atteindre 157,9 milliards de francs. Pour le seul Airbus, 671 commandes et engagements d'achat ont été enregistrés, dont 460 commandes fermes. Ce qui représente plusieurs années de production. Le GIFAS prévoit une hausse de 15 % du chiffre d'affaires pour 1998 qui pourrait passer le seuil des 150 milliards de francs.

■ Des sous-secteurs différents

On peut déterminer quatre secteurs d'activités suivant la spécialité de chaque entreprise.

Les cellules-engins sont spécialisées dans la fabrication des cellules, c'est-à-dire les parties externes comme le fuselage ou dans l'intégration des différents éléments d'un aéronef. Ils opèrent aussi dans les missiles et les véhicules spatiaux. Cette branche est le principal pourvoyeur d'emplois en regroupant 50 % des effectifs du secteur. Ces entreprises sont Aérospatiale qui participe, entre autres, à la fabrication des Airbus, Eurocopter pour les hélicoptères, Dassault Aviation pour les Mirages, Rafales et Falcons, Matra-British Aerospace Dynamics pour les missiles et Matra-Marconi Space pour les satellites.

Les systèmes propulsifs, c'est-à-dire les moteurs, sont fabriqués par la SNECMA, la Société européenne de propulsion (SEP) et Turboméca, spécialisé dans les moteurs d'hélicoptères.

Les équipementiers fournissent les constructeurs en appareils divers : des sièges pour passagers aux équipements électroniques d'aide à la navigation en passant par l'habillage des appareils ou les commandes hydrauliques qui permettent de transmettre les informations aux différents éléments de l'aéronef. Ce secteur emploie un quart des effectifs de la construction aéronautique et spatiale.

À SAVOIR

L'industrie aéronautique et spatiale en France

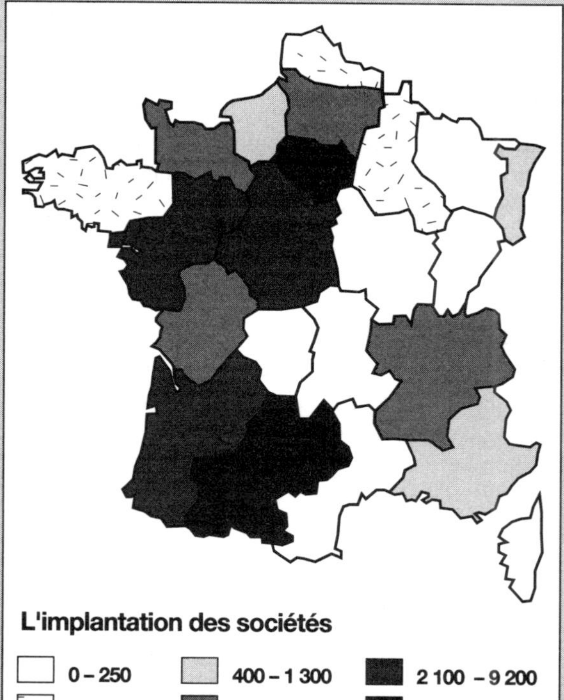

70,7 % des emplois sont répartis dans les trois régions ci-dessous :

- **Île-de-France : 42,5 %**
- **Midi-Pyrénées : 16,1 %**
- **Aquitaine : 12,1 %**

Source : Groupement des industries françaises aéronautiques et spatiales.

Les systèmes spatiaux regroupent des celluliers, des motoristes et des équipementiers. On y retrouve donc une très grande variété de métiers, souvent les mêmes que dans le reste de l'aéronautique, mais adaptés au spatial. Le spatial regroupe 12 900 salariés répartis entre 6 400 ingénieurs et experts et 6 500 employés et techniciens.

L'emploi

Depuis plusieurs années, les effectifs s'amenuisent : passant de 105 600 fin 1993 à 95 300 fin 1997. Pourtant, cela ne signifie pas que le secteur ne recrute pas, surtout si l'on considère que l'aéronautique et le spatial doivent renouveler et rajeunir leurs effectifs. De plus, les perspectives positives laissent prévoir une croissance des effectifs de l'ordre de 2 % pour la seule année 1998. La part des ingénieurs et experts ne cesse de s'accroître : plus d'un quart des salariés appartiennent à cette catégorie, ce qui fait que ce secteur a un taux d'encadrement parmi les plus élevés. Depuis 1993, les recrutements sont en progrès réguliers : 3 000 embauches en 1997, 4 000 prévues en 1998.

Des évolutions qui semblent plaider, en matière d'emploi, pour une inversion de la tendance récente, c'est-à-dire pour une reprise des embauches, même si de telles déductions générales sont à affiner. Une étude (*Prospective 2010 sur l'emploi et la formation dans la construction aéronautique et spatiale*) réalisée en 1996 par le Centre d'étude et de recherche sur les coûts et les qualifications (CEREQ) à la demande du GIFAS a ainsi mis au point quatre scénarios en termes d'emploi, du meilleur au pire, suivant les évolutions prévisibles et l'environnement international : quelles que soient les possibilités, le secteur ne recrutera pas d'ouvriers non qualifiés, mais embauchera, ne serait-ce que pour renouveler les effectifs, de la catégorie opérateur qualifié à celle d'ingénieur. D'ici 2010, les besoins de renouvellement sont estimés pour les catégories suivantes :

- entre 6 300 et 14 300 ingénieurs et experts techniques ;
- entre 7 900 et 16 600 techniciens ;

REPÈRES

Répartition par catégorie des emplois

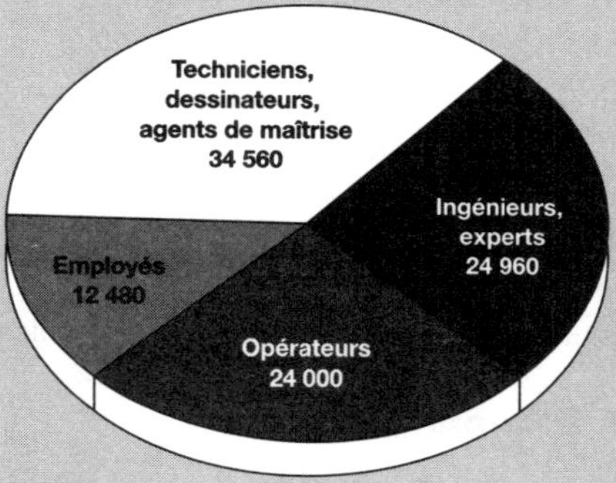

Total des emplois : 96 000.
Source : Groupement des industries françaises aéronautiques et spatiales, 1996.

- entre 1 900 et 4 000 agents de maîtrise ;
- entre 8 100 et 15 000 opérateurs qualifiés.

LA CONSTRUCTION FERROVIAIRE

Les métiers de la construction ferroviaire étaient autrefois liés à l'industrie lourde. Aujourd'hui, la filière ferroviaire a largement débordé ce secteur d'origine.

Savez-vous par exemple que les informaticiens ont pris une place centrale dans la conception et l'utilisation des systèmes de contrôle, de commande et de régulation du trafic ferroviaire ? De plus, la construction ferroviaire ne se limite pas aux rames et motrices du célèbre TGV : elle comprend aussi la conception et la réalisation de tramways de plus en plus nombreux à desservir les agglomérations modernes. Les rames du métro en font aussi partie au même titre que la multitude des équipementiers qui interviennent afin d'aménager les voitures ou les gares en billetteries automatiques, en bornes et tableaux d'information ou encore en composteurs.

Enfin, le développement de la grande vitesse entraîne la conception et la réalisation de centaines de kilomètres de voies nouvelles adaptées à des trains dépassant souvent les 300 km/h. Ainsi la voirie, mais aussi les installations fixes, font de plus en plus appel à une recherche constante et à l'utilisation de technologies de pointe. Sans oublier que la fabrication est complétée par la maintenance et la réparation du matériel roulant.

■ L'Europe pionnière

Au niveau mondial, la construction ferroviaire européenne occupe une position hégémonique par sa taille : 60 % de la production mondiale est originaire du Vieux Continent et la proportion grimpe à 80 % pour la grande vitesse. Autant dire que l'industrie ferroviaire, née en Europe au XIXe siècle du développement de l'industrie, a subi moins violemment la concurrence nord-américaine – comme pour l'aéronautique – ou asiatique – comme pour la construction navale. Cela ne l'empêche pas de connaître des bouleversements sans précédent : les regroupements se font de plus en plus nombreux, surtout à l'échelle européenne. Ainsi, les trois premiers mondiaux sont-ils européens : Adtranz (né de la fusion d'AEG Transports Ferroviaires et d'ABB Transport), Siemens VT et Alstom. Ils représentent à eux trois près d'un quart du chiffre d'affaires de l'industrie mondiale.

En France, en dépit de la concurrence internationale et de l'amoindrissement des commandes nationales, l'industrie ferroviaire a réalisé un chiffre d'affaires (CA) de 11,4 milliards de francs (1996, Fédération des industries ferroviaires). Mais, si le CA réalisé par la SNCF décroît depuis 1993, les exportations de l'industrie ferroviaire française ont progressé depuis 1996. Le

GROS PLAN

Les exportations françaises de matériel roulant ferroviaire

Destinataire	Exportation en millions de francs
Amérique du Nord	50,8
Amérique centrale et du Sud	486,9
Europe de l'Ouest dont CEE	1 094,8 1 042,3
Europe de l'Est (PECO)	112,6
Maghreb	70,0
Afrique	91,2
Asie	133,8
Moyen-Orient	3,1

Source : Fédération des industries ferroviaires (FIF), 1996.

secteur ferroviaire au sens large (construction, réparation, signalisation et équipement des voies) emploie 17 255 personnes dont 11 590 salariés pour la seule construction ferroviaire.

Cap sur l'international

Les évolutions récentes du marché français ont réduit les perspectives de développement de l'industrie ferroviaire en France. Le principal client, la SNCF, prévoit de réduire ses investissements sur les années 1997-2000. Or, habituellement, la France représente environ les deux tiers des débouchés.

De nouveaux marchés. Afin de réagir à cette situation, les constructeurs français concentrent leurs efforts sur l'international. Trouver de nouveaux marchés, de nouveaux débouchés ne sont pas des initiatives originales, mais elles deviennent des solutions essentielles en période de régression du marché intérieur. Le mouvement est encouragé par les projets d'investissement de nombreux pays en Europe, en Amérique du Nord et en Asie.

Ces demandes d'équipements, tant en matière de grandes lignes que de transports urbains de surface ou souterrains, ont amené les entreprises à filialiser leurs activités dans de nombreux pays. Ce mouvement a été l'occasion de nouer des alliances sur le terrain afin d'affronter la concurrence. En même temps, la construction ferroviaire française s'est largement ouverte aux capitaux européens et les entreprises nationales ont également pris des participations dans des sociétés étrangères.

Ainsi, Alstom (détenu à 50 % par GEC Grande-Bretagne et 50 % par Alcatel Alsthom France) s'est associé au Canadien Bombardier en Amérique du Nord afin de remporter plus facilement des contrats d'équipement : six locomotives électriques à grande vitesse pour le Maryland Rail Commuter Service, un exploitant ferroviaire américain, ont été commandées en 1997. Alstom équipera également en systèmes de traction les 680 voitures du métro de New York commandées à son partenaire Bombardier.

De nouveaux intervenants. Autre évolution à ne pas négliger : la création d'entités de gestion et le transfert de compétences du niveau national au niveau régional font naître des espoirs commerciaux. Les collectivités locales (régions, communautés urbaines) représentent de nouveaux clients pour les transports urbains, périurbains (métros, tramways...) ou régionaux à l'image des trains express régionaux (TER) français. La création en 1997 du Réseau ferré de France (RFF) chargé des infrastructures ferroviaires nationales peut être de nature à relancer l'équipement, à condition que les entreprises françaises soient retenues comme fournisseurs.

ZOOM

Le rail au centre de nouveaux concepts de transport

L'industrie ferroviaire doit participer et investir pour développer de nouveaux concepts de transports incluant le chemin de fer. Il s'agit de combiner les différents moyens de transport et de connecter un aéroport ou un port avec une gare que ce soit pour le trafic passagers ou le fret. Les liaisons rail-routes, par exemple, permettent de désengorger le réseau routier de ses poids lourds et donc d'améliorer la sécurité routière, de faire des économies d'énergie, de réduire la pollution. D'ailleurs, la recherche en matière de protection contre le bruit ou pour la protection de l'environnement (parfois liée à l'augmentation du niveau de certaines réglementations) donne la possibilité aux industriels d'envisager indirectement des commandes ou des contrats pour l'adaptation du matériel.

■ Le pendulaire : une réponse à des situations particulières

La grande vitesse est en pleine mutation depuis ces dernières années. En effet, les exploitants à la recherche de solutions meilleur marché voient dans le pendulaire une réponse toute trouvée et les fabricants une façon de diversifier leur offre de produits.

La technique n'est pas nouvelle. Dès les années 20, des ingénieurs français avaient mis au point un système inspiré de la même idée. Le principe du pendulaire repose sur l'inclinaison des wagons dans les virages : lorsqu'il atteint une courbe, un train classique est obligé de ralentir tandis que la force centrifuge pousse les voyageurs debout vers l'extérieur de la courbe. Pour limiter cet effet indésirable, le rail extérieur est légèrement surélevé. Avec la technique pendulaire, des vérins hydrauliques ou électriques soulèvent la caisse du côté extérieur afin qu'elle s'incline encore plus vers l'intérieur de la courbe. La vitesse du train s'en trouve accrue et le confort des voyageurs amélioré. Le degré de courbure est indiqué à un ordinateur par des capteurs situés à l'avant de la motrice. Les informations sont transmises par voie informatique aux vérins qui s'adaptent à la courbure. Le gain de temps peut aller jusqu'à 10 % du temps de trajet.

Bien connue dans le reste de l'Europe (Italie, Allemagne, Suède, Espagne) et au Japon, la technique pendulaire n'a pas fait partie des technologies utilisées en France pour plusieurs raisons : avant le TGV, les trains français connaissaient des vitesses moyennes déjà élevées et le recours au pendulaire ne permettait qu'un gain de temps assez faible. Par ailleurs, les choix stratégiques se sont davantage portés sur le « tout TGV », sans en voir les limites : coût élevé de la construction de lignes nouvelles, rentabilité pas toujours au rendez-vous, opposition des expropriés, nuisances sonores pour les riverains des lignes au trafic surchargé...

Une réponse alternative au TGV. Le pendulaire offre aux exploitants une solution qui permet de concilier confort et augmentation de la vitesse sans pour autant se lancer dans des investissements lourds comme la construction de voies supplémentaires. En effet, ces dernières ont été parfois le principal obstacle aux projets TGV, notamment en Amérique du Nord. Dans la mégalopole du Nord-Est des États-Unis qui s'étend de Washington DC à Boston, il est impossible de sortir du couloir ferroviaire pour tracer de nouvelles voies puisque les trains ne traversent que des zones urbanisées. Donc le TGV sur voies anciennes n'assurait aucun avantage en termes de gain de temps. Pour s'adapter à cette situation qui est loin d'être unique, Alstom et Bombardier sont en train de mettre au point un TGV pendulaire, l'American Flyer, qui pourra rouler jusqu'à 240 km/h sur les voies existantes.

La SNCF est également très intéressée par le projet : elle finance les recherches dans ce sens. Dans le cas du réseau français, partiellement doté de voies nouvelles, le TGV pendulaire peut atteindre, sur ces dernières, des vitesses de 320 km/h contre 240 km/h sur lignes classiques. Donc, un accroissement de la vitesse sur certains parcours à moindre frais.

Les régions s'intéressent aussi de près à cette technique puisque le pendulaire peut être appliqué aux trains express régionaux : plusieurs dizaines de commandes ont déjà été faites, notamment au constructeur italien Fiat Ferroviaria qui bénéficie d'une avance technologique.

■ Le TGV, point fort des Français

Les points forts des entreprises françaises reposent sur des produits de haute technologie dont la grande vitesse : l'industrie hexagonale en est le précurseur et possède un savoir-faire établi de longue date.

La réputation du TGV, conçu et fabriqué par Alstom, n'est plus à faire depuis son lancement en 1981 entre Paris et Lyon. Les technologies nécessaires n'ont cessé d'être améliorées et adaptées aux différents marchés potentiels. La première génération, appelée TGV PSE, a fait place au TGV Atlantique en 1989 : c'est celui-ci qui, lancé sur les rails à 515,3 km/h, a battu le record mondial de vitesse ferroviaire. L'année 1993 a vu apparaître une variante du modèle précédent spécialement mis au point pour circuler sur le réseau belge. Enfin, les déclinaisons du TGV sont en circulation en Espagne (l'AVE), à destination de Londres (Eurostar) ou de grandes villes du Benelux et d'Allemagne dans sa variante Thalys.

En 1996, la SNCF a mis en circulation une dernière génération de TGV équipés de voitures à deux niveaux (TGV Duplex), ce qui autorise une augmentation du nombre de passagers de 45 %, sans pour autant accroître les coûts d'exploitation.

De nouveaux défis attendent donc la grande vitesse française afin de renforcer la compétitivité du TGV face à ses concurrents européens et asiatiques. Plusieurs axes de recherche sont étudiés et combinés : il s'agit d'améliorer l'adaptabilité du TGV aux différentes tensions d'alimentation existantes, de réduire les nuisances sonores et les perturbations électromagnétiques, d'accroître sa puissance de freinage et de diminuer sa consommation d'électricité. L'amélioration de l'aérodynamisme et l'allégement du matériel roulant font partie des axes de recherche pour y parvenir. Enfin, l'augmentation de la vitesse ferroviaire de 300 à 360 km/h est devenue déterminante dans la compétition entre le train et l'avion.

En effet, une véritable course contre la montre (avion contre train) s'est engagée sur certaines lignes en Europe : Bruxelles, grâce au Thalys, n'est plus qu'à 1 h 25 de Paris et Londres à trois heures en Eurostar. Sur le trajet Paris-Londres, l'Eurostar détient actuellement environ 60 % du marché train + avion.

■ Les tramways et métros

Tramways et métros ne font pas partie des nouveautés en matière de transports urbains : l'un comme l'autre ont débuté leur carrière au XIXe siècle. Tramways et métros sont nés de l'essor du chemin de fer, de la vapeur, de la maîtrise de l'électricité, mais aussi de l'explosion urbaine et du développement de la civilisation industrielle. Pourtant, cette ancienneté ne les a pas empêchés de connaître de profondes mutations technologiques, à commencer par les métros. Au niveau national, les besoins de transports urbains sont aujourd'hui estimés à 85 milliards de francs pour la période 1995-2000, selon le Groupement des autorités responsables de transport (GART).

Les métros. Si les métros étaient de simples trains adaptés à la circulation urbaine, on connaît aujourd'hui une grande diversité de techniques qui rendent le transport urbain beaucoup plus confortable et efficace. On peut atténuer les nuisances sonores et les vibrations en travaillant sur la structure des wagons, les essieux et les roues. Mais aussi améliorer le confort et la sécurité avec le dernier métro parisien MP89 : il permet de se déplacer tout au long du train et bénéficie de très larges fenêtres.

Enfin, l'automatisme intégral du VAL (véhicule automatique léger) autorise une gestion du trafic depuis un seul poste de contrôle : les trains se déplacent seuls à une vitesse de 34 km/h, sans conducteur à leur bord. Cette solution a été adoptée pour la métropole lilloise, à Toulouse, ainsi que pour assurer la liaison entre Antony et l'aéroport de Paris-Orly (Orlyval). Un concept qui assure une sécurité maximale puisque les quais ont même été équipés de panneaux et de portes séparant le quai des voies.

Les tramways. Ils connaissent aussi une véritable révolution depuis une dizaine d'années. Alors qu'ils avaient quasiment disparu de la grande partie des villes françaises, que leur image était associée à un mode de transport laid, dépassé, bruyant, inconfortable, voire dangereux pour la circulation et les piétons, les trams ont fait un véritable retour en force. En effet, nombre de responsables politiques ont pris conscience des limites du transport par autobus et du « tout automobile » dans certaines agglomérations : problèmes de circulation, de pollution, coût élevé.

En même temps, les concepteurs de trams sont parvenus à proposer des solutions innovantes : faire circuler le tramway en site propre, c'est-à-dire sur voies réservées, design agréable, plancher bas pour faciliter l'accès aux poussettes, aux handicapés et aux personnes âgées. De plus, dans le cas d'une concurrence entre un réseau de métros ou de trams à créer, la seconde solution coûte beaucoup moins cher. D'où le choix fait ces dernières années par plusieurs métropoles régionales (Nantes, Rennes, Strasbourg) de se doter d'un mode de transport en site propre. Même la région parisienne s'y est mise avec les tramways assurant des liaisons entre banlieues.

PARTIE 2

PORTRAITS DE PROFESSIONNELS

Xavier, Patrice, Luc, et les autres... tous travaillent dans les différents secteurs de l'industrie, participent à la même aventure, celle de la construction de produits de haute technologie. Ces portraits témoignent de l'incroyable variété des itinéraires professionnels que l'industrie aéronautique, spatiale, navale et ferroviaire offre. Les passerelles sont nombreuses d'un domaine à l'autre, il est possible d'exercer le même métier en travaillant sur un avion, un moteur de bateau ou la motrice d'un train. Quant aux formations, certaines d'entre elles permettent d'acquérir une expertise dans une discipline – par exemple l'électricité ou le design – qui pourra être appliquée ensuite au ferroviaire aussi bien qu'à l'automobile ou à l'électroménager. Cette polyvalence est aujourd'hui un atout très valorisé.

SOMMAIRE

XAVIER : MENER LES ESSAIS À BIEN

Avant de débuter, j'étais à la recherche d'un métier dans un domaine dont les produits marquent leur époque. L'avion m'est apparu comme le débouché naturel de mes goûts. Et en plus, mon père était déjà pilote. » Pourtant, contrairement à son père, Xavier reste au sol : son métier d'ingénieur d'essais consiste non pas à piloter les avions – d'ailleurs Xavier ne sait pas piloter – mais à vérifier que tout fonctionne bien avant de livrer l'appareil au client. Son diplôme d'ingénieur aéronautique (ESTACA Paris) en poche, il est embauché chez Dassault, il y a 15 ans, dans le domaine de la vente d'avions, mais sa soif de savoir technique l'a rapidement dirigé vers un métier plus en rapport avec la construction de l'avion. En plus, Xavier a toujours été passionné par les techniques de pointe.

■ À la pointe des nouvelles technologies

Avant chaque vol, Xavier met au point son profil de vol, c'est-à-dire la liste, avec dessin à l'appui, des manœuvres à réaliser. Depuis la salle d'écoute – une sorte de minitour de contrôle en bout de piste de l'aéroport de Bordeaux-Mérignac – Xavier donne les instructions au pilote, lui rappelle qu'il lui faut effectuer telle ou telle manœuvre afin d'utiliser toutes les potentialités du Mirage.

Pendant ces essais, Xavier a besoin de toute son attention, de sa concentration, et surtout de mobiliser sa bonne connaissance de l'appareil : « Être ingénieur d'essais, c'est connaître l'avion comme si c'était une personne : un ensemble d'éléments qui forment un être vivant. » D'ailleurs, on peut difficilement être ingénieur d'essais sur plusieurs types d'avions simultanément : « Chaque modèle d'appareil a ses caractéristiques, ses qualités et ses défauts ; si je devais travailler en

GROS PLAN

Vendre des satellites

David n'est pas un commercial comme les autres : il vend des satellites de télécommunications à des clients qui sont des agences internationales, des États ou des opérateurs privés. Au sein d'une équipe de technico-commerciaux spécialistes du produit et de ses marchés, il effectue la négociation avec l'acheteur, rédige le contrat qui engage la responsabilité de la société, sa crédibilité (il s'agit de sommes considérables, souvent des dizaines de millions de dollars) et assure le suivi des opérations jusqu'à la livraison de l'appareil.

Vendre un satellite nécessite un sérieux *background* technique qui peut s'acquérir par la formation – plusieurs collègues de David ont un diplôme d'ingénieur aéronautique – ou par l'expérience : après sa formation en école de commerce, David a longtemps travaillé dans la vente à l'échelle internationale d'artisanat haut de gamme. La partie commerciale est toujours la même, la négociation aussi : seuls le produit et les clients ont changé. Dans son travail, David étant amené à se déplacer fréquemment et parfois à l'autre bout du monde, il lui faut posséder une parfaite connaissance de l'anglais des affaires.

même temps sur Falcon – un avion d'affaires à réaction – je risquerais de mélanger ce que je sais déjà sur le Mirage. »

■ Travailler en équipe

Mais, être ingénieur d'essais, c'est aussi travailler en équipe : en salle d'écoute, Xavier est accompagné d'un technicien en système de navigation pour la partie armement et de deux autres techniciens spécialisés envoyés par les cotraitants (les sociétés qui fournissent Dassault pour les parties vitales de l'appareil) : l'un deux vient de la SNECMA et vérifie les moteurs, l'autre de Thomson et s'occupe des commandes de pilotage.

Pendant l'essai, tout est enregistré dans la « boîte orange », l'équivalent de la boîte noire, mais aussi filmé par une caméra fixée au-dessus du pilote pour contrôler ce qui se passe sur les cadrans : rien n'échappera à la vigilance de Xavier.

En cas de problème, il rédige une fiche d'anomalie et propose éventuellement des solutions. Superviser les réparations ou les modifications à apporter à l'appareil relève aussi de sa responsabilité. Il collabore également avec les préparateurs de la piste, le service qui vérifie l'avion avant le vol : il les connaît bien puisqu'il y a aussi exercé ses talents. Tout comme le bureau d'étude, son premier poste sur le site de Bordeaux-Mérignac, spécialisé dans l'assemblage des Falcons, des Mirages et bientôt des Rafales.

L'essai en vol est un domaine en général très valorisé chez les constructeurs aéronautiques pour la capacité d'analyse, la rapidité dans la prise de décision et les compétences techniques de haut niveau que ce métier nécessite. Il peut s'exercer dans le domaine civil ou militaire, sur des prototypes ou des avions de série sortant d'usine. Vu le haut niveau de spécialisation de l'ingénieur d'essais, il n'existe pas de formation spécifique : le métier s'acquiert par l'expérience de terrain.

PATRICE : LA MAÎTRISE DES MATÉRIAUX COMPOSITES

Une usine sur la plage ! Mais non, inutile de vous pincer, vous ne rêvez pas : le centre de production des satellites d'Aérospatiale est bel et bien implanté sur les bords de la Méditerranée, dans la baie de Cannes. Une situation privilégiée que ne manque pas d'apprécier Patrice : depuis deux ans et demi, ce Bordelais de 26 ans est technicien en matériaux composites sur le site de Cannes.

■ Un travail rigoureux mais varié

Pour Patrice, la fibre de carbone, la nappe de carbone à la résine « cyanate », la fibre de verre et autres panneaux en nid d'abeille n'ont presque plus de secrets. « Mon travail consiste à fabriquer des tissus de carbone dont la résistance et la légèreté sont particulièrement appréciées pour les satellites. » Il est aussi amené à utiliser des colles spécialement conçues pour résister à des pressions et des variations de températures importantes. Ces tâches nécessitent beaucoup de rigueur, de la minutie et le respect absolu des conditions de préparation.

Tout cela n'empêche pas le travail d'être varié : Patrice réalise parfois des commandes pour les essais, lorsque le bureau d'études a besoin de tester une technique inédite, un nouveau montage. Ce sont alors des pièces uniques qui serviront plus tard dans des projets concrets. Plus souvent, il intervient pour des commandes commerciales, sur des objets qui vont être réellement envoyés dans l'espace. Ils représenteront alors une pièce vitale d'un ensemble qui sert à transmettre des informations. Il s'agit des satellites de télécommunication qui transmettent des conversations téléphoniques, des programmes de télévision ou d'observation militaire.

GROS PLAN

Les matériaux composites

Les matériaux composites sont surtout célèbres pour leur utilisation dans l'aéronautique et le spatial. Ces secteurs recherchent en effet des matériaux à la fois légers mais qui offrent aussi des qualités de haute résistance aux tractions élevées que subissent les appareils.

De nombreux autres secteurs comme la plaisance utilisent également ces nouveaux matériaux, parfois avec des contraintes différentes que celles propres à l'aérospatiale.

Le secteur automobile est aussi devenu un utilisateur des alliages légers, des matières synthétiques et plastiques jusqu'à constituer la moitié des composants d'un véhicule.

La fibre de carbone. Parmi les composites, le plus célèbre est la fibre de carbone, utilisée pour les satellites. L'aéronautique utilise aussi des composites associant fibres et résine, notamment depuis les essais faits avec le Concorde dans les années 60. Les « structures sandwich » permettent de superposer plusieurs types de matériaux. Sur une plaque de nid d'abeille particulièrement légère, on appose des plaques d'unidirectionnels de carbone pour accroître la résistance mais aussi la souplesse en évitant la rupture. La gamme Airbus a bénéficié aussi de ces nouveaux matériaux : 12 % du poids (hors moteurs et équipements) de l'A310 est le fait de composites. Pour l'A320, c'est un cinquième de la masse.

Pourtant, les composites sont surtout utilisés pour les structures secondaires, c'est-à-dire les parties qui ne sont pas de première importance pour la sécurité de l'appareil.

Légèreté et solidité. La légèreté est particulièrement prisée pour la construction de satellites et d'équipements spatiaux : en effet, lancer un satellite demande des moteurs très puissants. Tout allégement est un gain appréciable au niveau de la propulsion et donc du volume de carburant nécessaire à bord. La solidité quant à elle, est un élément capital car les appareils circulent à des vitesses très élevées (900 km/h en vitesse de croisière pour un avion de ligne, beaucoup plus pour un avion de type Mirage).

Sûreté et propreté. Quant à l'aspect sécurité, il a pris de plus en plus d'importance, surtout pour les avions de transport de passagers. La résistance à la corrosion peut être un élément important pour la durée de vie de l'appareil.

L'aspect propreté se retrouve dans la possibilité de recycler un matériau, une donnée enfin prise en compte aujourd'hui.

Toute la difficulté consiste à allier légèreté, solidité et coûts de production relativement faibles. Les résultats des recherches ne doivent faire l'objet d'aucune faille car on ne peut pas réparer un satellite en orbite et un défaut de fabrication sur un avion destiné au transport de personnes, peut provoquer un accident et faire des centaines de victimes. C'est pourquoi certains matériaux, bien qu'existants, ne sont pas utilisés car ils ne répondent pas à l'une de ces exigences.

■ Un travail d'artisan

Il n'y a pas de pièces à fabriquer en grandes séries, donc pas de travail répétitif ou à la chaîne. Et en ce sens c'est presque de l'artisanat. Il faut toujours innover, savoir s'adapter à de nouveaux produits et processus de fabrication. Sans oublier d'atteindre un haut niveau de qualité. Dans un satellite, les différents éléments doivent être tout particulièrement résistants car on ne peut pas envoyer de mécanicien réparer sur place. C'est pourquoi le travail est contrôlé de très près, à chaque étape de la fabrication.

Pour mener à bien chacune de ses missions, Patrice suit un dossier conçu par un préparateur : toutes les étapes du travail y étant détaillées, il est impossible, avec un minimum d'attention, de se tromper. Patrice n'avait pourtant pas de formation parfaitement adaptée au poste qu'il occupe aujourd'hui : son baccalauréat professionnel plasturgie en poche, il travaillait au départ pour la construction de bateaux ; pourtant cette première expérience ne l'a pas empêché d'accéder à ce poste, « Dans un secteur beaucoup plus valorisé, peu salissant et dont les conditions de travail sont plutôt satisfaisantes : salle blanche, absence de poussière, pas de bruits, climatisation qui permet de travailler toute l'année à la même température… » sans oublier la plage à la sortie du travail.

LUC : DESIGNER DES MOYENS DE TRANSPORT

Nous, les designers, on est des éponges : on est là pour capter tout ce qui nous entoure, observer le comportement des gens et concevoir des produits, des environnements qui simplifient la vie. » Ainsi s'exprime Luc, designer, qui a travaillé sur plusieurs projets, dont certains pour l'industrie ferroviaire – ou plus exactement son équipe, réunie au sein de l'agence Avant Première, créée en 1988 avec Éric Rhinn. Après une formation d'architecte d'intérieur aux Beaux-Arts de Bourges, Luc a rejoint l'École des arts décoratifs de Paris où il a suivi les cours de Roger Talon, le designer du TGV.

■ La passion du quotidien

Pourtant, ce n'est pas le ferroviaire qui l'a attiré d'abord, mais plutôt ces petits objets de la vie quotidienne, ceux qu'on utilise sans forcément y penser : « Enfant, j'aimais bricoler des objets, des lampes par exemple, changer une forme, une couleur en repeignant un vélo. Mais aussi travailler sur des matériaux différents. À l'origine, designer, c'est un métier manuel : la démarche est très différente de celle de l'artiste qui se préoccupe des seuls aspects esthétiques alors que le designer doit absolument prendre en compte le côté pratique et la nature de l'usager de l'objet. »

En conséquence, Luc utilise peu le papier et le crayon pour visualiser le nez d'un train ou d'un tramway, même pas un *rough* (croquis dans le jargon du design). Puis, avec son équipe, il travaille sur des logiciels de dessin qui permettent de se faire une idée, en 2 puis 3 D (dimensions). Le designer confectionne ensuite une maquette en mousse à l'aide de scies et de limes miniatures, au moins pour l'avant du véhicule.

GROS PLAN

Le designer du TGV

A l'origine du nez du TGV, de son design aujourd'hui si célèbre qu'il est devenu l'emblème de la grande vitesse à la française, mais aussi de la SNCF, Roger Talon a commencé sa carrière par la publicité : dans les années 50, il s'expatrie aux États-Unis et découvre le marketing, alors inconnu en Europe, du moins tel qu'on le pratique outre-Atlantique.

Après une formation technique, il travaille d'abord en France sur la conception d'objets grand public (montre, téléviseur, élément de décoration) lorsqu'il est retenu pour la création des wagons Corail de la SNCF : l'aménagement intérieur, le design extérieur, la signalétique composée de logos compréhensibles par tous les usagers : « Ce qui me plaisait particulièrement, c'était de travailler pour la collectivité, pour un service public », déclare-t-il aujourd'hui.

C'est le même esprit qui l'a conduit à la conception du premier TGV à la fin des années 70, et surtout de ses différentes variantes, jusqu'à sa dernière version, Duplex. Mais l'aventure TGV n'est pas prête de se terminer : Roger Talon et son équipe d'Euro-RSCG Design travaillent sur le futur TGV de Taïwan.

Il lui faut donc une certaine habileté manuelle, doublée d'une sensibilité particulière qui lui permettra de sentir l'ambiance de la ville à laquelle le projet est destiné, mais aussi la nature des usagers, le comportement des voyageurs, leur façon de s'asseoir, de bouger.

Pour le projet du tramway nantais, récemment retenu lors de l'appel d'offres, les designers ont réfléchi sur ce qui distingue

Strasbourg d'une ville comme Nantes, tournée vers la mer : « Il fallait retrouver le côté maritime, d'où les montants entourant le pare-brise, très fins, et cette structure qui fait penser à une voile de bateau », explique, maquette à l'appui, Olivier, un des designers investi dans le projet.

■ Allier inventivité et sens du concret

Il faut aussi s'adapter et prendre en compte un nombre incroyable de contraintes techniques, et donc trouver des solutions qui vont permettre de contourner un obstacle, imaginer une alternative, une amélioration à un équipement. C'est surtout le cas lorsque le designer travaille en collaboration avec un constructeur dont le produit ne peut pas être profondément modifié : soit pour des raisons techniques dans la mesure où le produit est très standardisé, soit que les contraintes budgétaires sont très strictes. Il faut savoir aussi anticiper les mutations à venir, les évolutions de mode de vie, les changements qui font qu'on ne voyagera plus dans vingt ans comme aujourd'hui.

Et surtout il ne faut pas se limiter à un secteur en particulier mais rester polyvalent et curieux. D'ailleurs, l'idée de participer à un appel d'offres lancé pour l'automoteur TER en 1991 lui est venue de ce goût pour la nouveauté, pour un domaine que ni lui, ni son équipe – au total 26 collaborateurs – ne connaissaient bien : « Si notre projet a été retenu, c'est parce qu'on est arrivé avec une part de naïveté. On n'avait pas l'expérience de ce type de produit, donc plus de liberté dans la création. » C'est finalement ce qui a peut-être fait la différence : savoir toujours se laisser surprendre, rester attentif aux détails les plus insignifiants du quotidien, observer comment les hommes vivent, comment la société fonctionne. Toutes choses qui ne s'enseignent ni ne s'apprennent.

FRÉDÉRIC : ARCHITECTE NAVAL

Si Frédéric avait un conseil à donner aux débutants, ce serait le suivant : « Faire ce qu'on aime, choisir avant tout le métier qui vous passionne. » Et Frédéric est bien placé pour en parler : il a passé les dix premières années de sa vie professionnelle sur le pont des voiliers de compétition : « Je faisais partie du Défi, c'est-à-dire de l'équipe qui travaille à la préparation des bateaux pour l'America's et l'Admiral's Cup et qui se constitue parfois jusqu'à trois ans à l'avance. »

■ Champion du monde

Cette expérience formidable l'a amené à collaborer avec Marc Pageot, à participer à plusieurs transatlantiques et à devenir à deux reprises champion du monde (Admiral's Cup en 1991 et 1995) en tant que régleur. Ces années un peu hors normes ne l'ont pas empêché de rejoindre les Chantiers de l'Atlantique en tant qu'architecte naval. Diplômé de l'École centrale d'ingénieur de Paris, option Océan – « À l'époque, je m'intéressais surtout aux plates-formes *offshore* » –, il exerce aujourd'hui ses talents au service Projets pour des navires à grande vitesse de transport de passagers.

Concrètement, Frédéric est chargé de coordonner les équipes travaillant à la mise au point de la spécification, c'est-à-dire au dossier que le fabricant du navire doit mettre au point en réponse à l'appel d'offres lancé par l'armateur. Ce document doit être extrêmement précis puisqu'il engage la responsabilité du chantier : « Une phrase de trop, ou mal libellée peut coûter des millions », puisque la spécification correspond à un devis précisément chiffré et tout surcoût ou retard sera à la charge du fabricant. Le dossier est un véritable document de référence qui fixe la nature des relations commerciales entre le client et son fournisseur.

À SAVOIR

Travailler en région

Une qualité de vie supérieure, des loisirs facilement accessibles, un logement abordable, des trajets domicile-travail plus courts, moins de stress, moins de pollution et la vie au grand air : vivre et travailler loin de la région parisienne est un rêve qu'ont de nombreux salariés de l'industrie.

La construction navale. Vous aurez toutes les chances de travailler au bord de la mer. Les Chantiers de l'Atlantique concentrent deux tiers des emplois directs de la construction navale sur le site de Saint-Nazaire, à l'embouchure de la Loire, aux portes de la Bretagne. Dans la plaisance, les trois-cinquièmes des emplois directs sont répartis entre la Charente-Maritime et la Vendée.

L'aéronautique et le spatial. Une bonne partie de la production se fait hors de la région parisienne, même si cette dernière concentre 42,5 % des emplois de la filière. Dassault Aviation possède un de ses principaux sites de production à Bordeaux, à 50 km des plages de la côte atlantique. Le centre des essais en vol se trouve à Istres, dans le Var. Autre exemple, le bassin industriel de Pau concentre un grand nombre d'industries aéronautiques. Quant à Aérospatiale (37 718 salariés), l'un de ses sites de production se trouve à Cannes.

Des compétences juridiques et techniques

À ces compétences, s'en ajoutent d'autres en matière juridique, mais aussi technique : il est essentiel d'avoir de solides bases en construction navale, savoir ce qu'il est possible de réaliser concrètement et les aménagements qu'on peut apporter.

Des qualités relationnelles sont aussi très importantes puisqu'en tant que chargé de projets, l'architecte naval est l'interlocuteur privilégié des clients. Et comme ceux-ci sont le plus souvent étrangers, les négociations se font en anglais parlé, mais aussi écrit pour la rédaction des dossiers de spécification : « Mes années d'expatrié à San Diego pour l'America's Cup m'ont été extrêmement utiles pour mon poste actuel. » Il est parfois arrivé à Frédéric de mener des négociations en anglais pendant dix-huit heures d'affilée. Dans ces cas-là, il vaut mieux assurer dans la langue de Shakespeare. D'autant plus qu'un séjour à l'étranger permet de mieux connaître d'autres façons de travailler et des mentalités différentes.

Pourtant, en dépit d'un emploi du temps plutôt chargé, Frédéric arrive à se ménager du temps pour ses loisirs. Ce père de famille passionné de navigation a su garder le pied marin et ne perd pas une occasion d'initier ses enfants à la navigation. Même s'il n'est pas propriétaire de voilier, le fait de travailler dans une ville portuaire comme Saint-Nazaire lui permet d'être rapidement en mer : « Une qualité de vie que je n'aurais pas pu trouver en région parisienne », remarque-t-il.

PATRICE : AU CŒUR DE L'APPAREIL

Pour Patrice, les Falcons de Dassault n'ont plus de secrets… ou presque : « Ici, c'est mon domaine », déclare-t-il fièrement une fois franchie la porte de ce puissant avion d'affaires capable de rejoindre Paris à Los Angeles sans escale.

■ Travailler au poste de pilotage

Le poste de pilotage, c'est son lieu travail. En tant qu'électricien d'atelier, Patrice passe la plus grande partie de sa journée, quasiment aux commandes de l'avion. Sauf qu'il reste à terre, sous un gigantesque hangar du site de montage de Bordeaux-Mérignac. Son travail consiste à câbler l'avion, de bout en bout : « Au départ, le fuselage est nu, sans aucun équipement ; mon but est de poser tous les fils électriques qui assurent la transmission des informations aux diverses parties de l'appareil. » Tous se rejoignent au poste de pilotage puisque c'est de là que vont être transmises les différentes instructions : c'est le point névralgique de l'appareil.

Plus concrètement, le travail de Patrice vise à relier correctement fils, appareils et commandes en suivant un plan préétabli. Il doit également trouver des solutions de manière à ce que les fils passent le plus judicieusement possible, touchent le minimum le fuselage afin de ne pas gêner le travail des autres ouvriers chargés d'équiper l'avion. C'est ce qu'on appelle l'installation.

Casque sur les oreilles pour communiquer d'un bout à l'autre du fuselage, Patrice teste le montage réalisé avec un contrôleur, qui s'assoit en cabine à la place du commandant de bord : ce sont les essais. Un défaut de montage ? Patrice doit trouver l'anomalie et y remédier le plus rapidement possible.

GROS PLAN

Ajusteur

Après vingt ans de maison, Denis sait tout sur le *yoke*, ce cadre métallique sur lequel on fixe les panneaux solaires qui servent à capter l'énergie nécessaire au fonctionnement du satellite. Le *yoke*, posé sur un marbre parfaitement plan, est garni des tubes de carbone que Denis colle.

Il travaille aussi sur les panneaux de nid d'abeille et de fibre de carbone sur lesquels il dispose les pistes de métallisation et des supports de câblage. Il y fixe des miroirs de réflexion qui évitent la surchauffe du satellite par les rayons solaires.

Pour toutes ces opérations, il utilise des colles chauffées qui sont appliquées sous pression. Ce travail demande beaucoup de minutie et d'attention et nécessite de veiller au respect des différentes étapes pour obtenir la solidité maximale du collage ou de l'assemblage. À chaque étape du travail, un technicien contrôleur vérifie que le collage peut résister à des tractions comparables à celles que va subir l'assemblage.

■ Rigueur et débrouillardise

Autant dire que « ce poste nécessite pas mal de rigueur, de l'organisation mais aussi de la débrouillardise. » Et Patrice n'en manque pas : il faut souvent chercher l'erreur, demander aux autres techniciens et opérateurs de l'atelier des conseils, être inventif pour imaginer une solution. Il faut aussi aimer apprendre, et pas seulement au début du métier : « La formation est permanente, surtout dans un secteur qui connaît sans cesse de nouvelles technologies : les fibres optiques en sont un exemple. » Des qualités que Patrice avait mises en pratique avant de travailler chez Dassault. Après son bac professionnel équipements et installations électriques, il a fait divers petits boulots : plongeur dans un restaurant, vendeur en grande surface et même paysagiste pour finalement occuper le poste qu'il recherchait chez Labinal, un fabricant d'équipements. C'est dans cette entreprise qu'il a appris le métier de câbleur aéronautique pour lequel il n'existe pas de formation initiale particulière.

Aujourd'hui, la spécialité de Patrice lui permet d'envisager une évolution dans le secteur aéronautique : vers la piste où il pourrait vérifier les installations électriques avant les essais ou vers le contrôle des montages électriques de l'appareil. Il pourrait encore travailler sur d'autres avions, civils ou militaires comme les Mirages assemblés à Bordeaux-Mérignac, ou sur des prototypes.

MARC : LA « HAUTE COUTURE » DU MOTEUR

Imaginer et adapter les options apportées à un moteur. Telle peut être résumée la mission de Marc dans le bureau d'étude de Cummins-Wärtsilä, un fabricant de moteurs marins. À l'usine de Surgères (Charente-Maritime), on produit des moteurs de propulsion rapides dont la vitesse oscille entre 1 200 et 1 800 tours à la minute. On les retrouve dans les NGV (navire à grande vitesse), ces ferries assurant les liaisons à grande vitesse entre la Corse et le continent par exemple, mais aussi dans quantité d'autres bateaux : les remorqueurs, les cargos de fret, les bateaux de pêche. Ces moteurs sont aussi utilisés pour réaliser les forages *offshores*.

Des moteurs presque sur mesure

Autant dire qu'à chaque commande il faut adapter le moteur de base à un usage précis. Parfois, le client désire que le moteur fonctionne dans des conditions ou un environnement précis. Marc utilise les options déjà connues ou en met au point des nouvelles.

Il lui faut tout d'abord dessiner par ordinateur les pièces qui vont former l'option : pour cela, sa formation de dessinateur industriel traditionnel lui a été essentielle. Pour lui, savoir utiliser concrètement le crayon, la règle ou l'équerre est un préalable indispensable pour passer de la planche à dessin à l'écran d'ordinateur. « Le tracé sur papier permet de visualiser beaucoup mieux la pièce : ma formation de dessinateur traditionnel m'a énormément servi pour la pratique de la conception assistée par ordinateur (CAO). Suivant la difficulté d'utilisation du logiciel, on s'adapte plus ou moins rapidement : entre trois jours pour les bases et un an pour en connaître toutes les possibilités. »

Aujourd'hui, Marc utilise exclusivement la CAO qui permet de gagner du temps et de comparer les différentes solutions possibles. Souvent, un client a besoin d'une solution adaptée, rapidement et au meilleur rapport qualité prix. Il faut faire fonctionner sa matière grise : « Ce que je préfère, c'est le côté inventif, imaginatif de ce travail, trouver des solutions jusqu'alors inexistantes. C'est à ce niveau de la conception que je peux mettre en pratique ma liberté de création. L'aspect "sur mesure" demande d'élaborer des solutions au cas par cas, c'est ce qui rend le travail très varié, toujours différent. »

■ Apprendre tous les jours

L'apprentissage se fait tous les jours : quand Marc est entré chez Cummins-Wärtsilä, il n'avait aucune formation en CAO et a dû s'adapter rapidement au poste par la formation interne. Les nouvelles technologies, ne serait-ce que dans la conception assistée par ordinateur, sont très présentes dans ce secteur. Lorsqu'il est confronté à une situation inédite, il doit mobiliser ses connaissances (en matériaux ou en thermique par exemple) et en acquérir de nouvelles, se renseigner auprès des fournisseurs sur les possibilités de réalisation de la pièce imaginée, rechercher les informations nécessaires, être autonome mais aussi savoir profiter des compétences présentes dans l'entreprise et travailler en synergie avec ses collègues.

Récemment, un client avait besoin d'une cuvette d'huile de moteur moins profonde que le modèle standard. Marc a dû en mettre au point une nouvelle, avec les multiples contraintes que « l'exercice » comporte : type de moteur, forme du navire, coûts, respect des délais, organisation des différentes étapes du travail ont fait partie de sa mission.

En bref, sa formation (un BTS conception de produits industriels) lui a été très utile, mais c'est sur le terrain qu'il a appris le plus de choses, au contact de situations bien réelles. Pendant les stages ou en intérimaire, Marc a saisi l'occasion pour se former à d'autres logiciels de CAO, ce qui est apprécié lors d'un recrutement.

Pourtant, Marc n'entend pas en rester là : sa formation et son expérience l'ont rendu polyvalent et lui ont permis d'approfondir ses compétences. Son métier peut déboucher sur d'autres postes qui nécessitent tous des connaissances techniques : le commercial, doté de notions techniques approfondies, est beaucoup plus crédible vis-à-vis du client qu'un commercial pur ; même chose pour le chargé d'affaires. Entrer au service après-vente est aussi une perspective qui est ouverte à de nombreux dessinateurs industriels. Et pas obligatoirement dans la marine : tous les secteurs qui utilisent des moteurs, comme l'aéronautique ou l'automobile.

PASCAL : DES STRUCTURES MÉTALLIQUES AU NAVIRE

Des hangars longs d'un kilomètre, un chantier de 120 hectares où l'on se déplace à vélo ou en voiture, des milliers de tonnes d'acier qui défilent sous vos yeux… Le gigantisme fait partie du quotidien de Pascal, opérateur en structures métalliques sur un chantier naval.

■ Des kilomètres de tôles

Au milieu du vaste atelier des panneaux plans, Pascal travaille sur les tôles qui vont constituer le pont et la coque du navire : chaque pièce de métal arrive sur la chaîne, en fait une vaste étendue parsemée de roulettes qui permettent aux plaques d'avancer. La nappe de tôle passe au traçage, c'est-à-dire qu'on la marque afin d'indiquer aux soudeurs où poser les renforts. « Une coque de paquebot, c'est du papier à cigarette : si on ne soudait pas des lisses de dessous de ponts (les renforts), le bateau ne résisterait jamais aux déformations auxquelles il est soumis. » Concrètement, le travail consiste à piloter une machine à tracer programmée par le bureau d'étude : le tôlier doit s'occuper d'ajuster les réglages.

Un travail qui demande des connaissances approfondies en métaux que Pascal avait acquises au cours de sa formation de CAP construction d'ensemble de chaudronnerie, puis avec son BEP structures métalliques. Mais aussi sur le terrain. Originaire de la région de Saint-Nazaire où se trouvent les Chantiers de l'Atlantique, Pascal a ensuite travaillé à quelques encablures de là, sur un chantier de réparation navale. Là-bas, il ne s'agissait pas de bateaux, mais d'équipements à terre servant à charger les navires en pondéreux : le but était de changer des pièces, en

GROS PLAN

Être chef d'atelier

Gaël est responsable de l'atelier armement terre d'un grand chantier naval. Plus exactement, il est chargé de l'unité de fabrication et de montage des équipements d'un paquebot : la tuyauterie, la serrurerie et la confection des modules sont de son ressort.

Tout ce qui peut être monté en armement avancé est fait par ses équipes, ce qui représente un gain de temps en évitant le montage à bord, toujours plus long et compliqué. Il supervise et organise le travail d'un groupe de 90 personnes réparties elles-mêmes en cinq équipes, ce qui fait de son poste un emploi d'encadrement.

Au départ, Gaël a commencé comme technicien en tuyauterie puis a saisi l'opportunité de suivre une formation en interne pour devenir agent de maîtrise, c'est-à-dire acquérir les compétences de management, de gestion et de contrôle du travail de l'équipe. Ces nouvelles compétences sont venues s'ajouter à ses connaissances techniques : « Je passe un tiers de mon temps sur le terrain à écouter, regarder, conseiller et répondre aux questions. »

Le poste de chef d'atelier nécessite un savoir-faire, une expérience et une base de connaissances techniques indispensables qui permettent d'être opérationnel dans l'atelier, montrer comment faire, répondre le mieux possible à la question d'un opérateur : ce poste est d'ailleurs souvent occupé par un opérateur ou un technicien qui a une connaissance approfondie de la production, qui l'a pratiquée pendant longtemps.

réparer d'autres, mobiliser ses connaissances en serrurerie, faire preuve d'inventivité car chaque situation est unique.

■ Pilote de pont

Il faut être polyvalent aussi, comme dans l'atelier des Chantiers où Pascal doit pouvoir effectuer plusieurs tâches différentes. La formation adéquate est délivrée dans le cadre du poste : « Depuis que je travaille ici, j'ai acquis des compétences supplémentaires. » Au départ, avec une formation de chaudronnier, Pascal est devenu charpentier fer, traceur, et même conducteur de pont, dont il a passé le permis en interne : « Si le poste de pilotage n'est pas occupé, je peux monter et le conduire moi-même : on perd beaucoup moins de temps, les plaques sont rapidement acheminées. » Surtout, le travail devient beaucoup plus intéressant et moins compartimenté.

Pascal acquiert régulièrement de nouvelles spécialités : « Il m'est aussi arrivé d'aller remplacer quelqu'un qui travaille sur le bateau à quai pendant trois mois et demi. » Et si l'on a perdu la main dans une discipline particulière, on peut faire une formation afin de retrouver le niveau nécessaire.

La formation interne est surtout très importante au départ : le matelot – c'est comme ça qu'on appelle le nouveau venu – est confié à un tuteur d'expérience, le parrain. Il lui enseigne les subtilités du métier, les « trucs » que l'on apprend seulement par l'expérience, mais pas à l'école. Par exemple, la lecture de plans : « Au début, c'était du chinois », puis peu à peu on acquiert cette compétence très spécifique de la construction navale, mais essentielle si on veut comprendre comment est fait un navire.

Peu à peu, Pascal approfondit sa connaissance du métier, mais aussi des autres spécialités qu'on trouve sur un grand chantier. À 26 ans et quatre ans d'ancienneté dans le poste, il a déjà inventé avec ses collègues un dispositif pour aligner correctement les tôles afin qu'elles soient contiguës sur la chaîne.

Après validation de l'amélioration, le cercle de qualité qui a trouvé l'invention a été récompensé financièrement. C'est comme ça que Pascal a pu aller visiter l'ex-*France*, aujourd'hui *Norway*, en escale au Havre, sorti des mêmes Chantiers de l'Atlantique dans les années 60.

PARTIE 3

LES GRANDES FONCTIONS DE L'INDUSTRIE

Nous vous présentons ici les métiers de base de l'industrie, ceux qui sont communs à la filière aéronautique, spatiale, navale et ferroviaire, plus quelques autres liés à des domaines particuliers. De nombreux professionnels interviennent sur la conception, la fabrication ou la diffusion d'un produit. Même le plus banal objet a parfois mobilisé une quantité de savoir-faire, des milliers d'heures de réflexion et de travail. D'autant plus que les technologies, les matériaux, l'organisation du travail et le comportement des consommateurs sont à l'origine du développement, voire de la naissance de nouveaux produits, de nouveaux métiers. Ces professions représentent le cadre général à partir duquel se déclinent des spécialités acquises en fin d'étude ou par l'expérience sur le terrain. Ce qui ne doit pas vous empêcher de rester polyvalent, ouvert à la nouveauté et à l'acquisition de savoir-faire : polycompétence et polyvalence sont aujourd'hui devenues des qualités très recherchées par les entreprises.

SOMMAIRE

L'ÉTUDE, LA RECHERCHE ET LE DÉVELOPPEMENT

L'étude, la recherche et le développement regroupent les métiers de la conception, c'est-à-dire ceux qui travaillent à l'élaboration d'une idée, sa concrétisation sur le papier à travers des plans, des dessins techniques et des dossiers de justification qui accompagnent un devis dans le cadre d'un appel d'offres.

Le bureau d'étude (BE) est leur cadre de travail, qu'il s'agisse d'un BE intégré à un fabricant ou bien d'une structure indépendante. Le développement consiste à améliorer et à modifier les produits afin de réduire les coûts et d'en accroître la compétitivité. On retrouve à ce stade de la production tous les niveaux de qualification, avec tout de même une sur-représentation des ingénieurs et experts.

LE DESSIN INDUSTRIEL

Le dessinateur industriel est au cœur de l'activité de tout bureau d'étude. À partir des paramètres qui lui sont transmis par le concepteur, le dessinateur industriel doit concrétiser l'objet sous forme de dessin.

■ Un pro de la CAO

Le dessinateur industriel se sert des outils informatiques qui sont à sa disposition : il utilise le dessin assisté par ordinateur (DAO) et la conception assistée par ordinateur (CAO) qui lui permettent de visualiser la pièce, de travailler directement sur l'écran en 3 D. Mais aussi de dessiner en prenant en compte le matériau, ses caractéristiques et les procédés de fabrication.

Le dessin traditionnel a presque complètement disparu au profit de l'informatique qui offre aussi la possibilité de tracer les plans sur papier en modulant les volumes et la taille de la représentation. Lorsqu'il s'agit d'un lot de pièces, le dessinateur doit faire en sorte que tous les éléments forment un ensemble cohérent. Lorsqu'il s'agit d'une option à apporter à un moteur ou de la modification d'une pièce, il faut prendre en compte l'adaptabilité du nouvel équipement à l'ensemble déjà existant.

■ Plusieurs niveaux mais toujours les mêmes qualités

Il existe différents niveaux de qualification à l'intérieur de la profession que l'on peut regrouper en trois échelons :
• le dessinateur d'exécution réalise les dessins définitifs des pièces ;
• le dessinateur d'étude trace les plans détaillés ;
• le dessinateur-projeteur travaille sur la cohésion des différents éléments.

Le métier de dessinateur industriel requiert des qualités de créativité, d'inventivité mais aussi des compétences techniques évidentes plus ou moins spécialisées suivant le domaine d'exercice. Il nécessite le respect des critères et des contraintes qui sont déterminés pour la réalisation des pièces. Le dessinateur industriel est en général technicien.

L'INGÉNIEUR D'ÉTUDES-PROJETEUR

L'ingénieur d'étude projeteur est chargé, au sein d'un bureau d'étude, de concevoir, d'adapter et de faire évoluer les produits de l'entreprise. Il a recours pour cela aux hautes technologies et se tient au courant des dernières applications de la recherche scientifique : de nouvelles normes de sécurité à respecter, de nouveaux matériaux et de nouvelles techniques de fabrication modifient les contours du travail de l'ingénieur.

À SAVOIR

Devenir ingénieur

Il existe plusieurs voies d'accès à la fonction d'ingénieur : soit par la formation initiale, soit par la formation continue. Dans ce dernier cas, plusieurs possibilités : préparer le diplôme en gardant son emploi, suivre une formation à plein temps ou faire valider son expérience. On peut aussi passer par la formation en alternance (voir pages 88 et 89). En formation initiale, le diplôme d'ingénieur se prépare en trois ans dans une école qui peut être rattachée ou non à une université.

La formation d'ingénieur est accessible après un concours d'entrée. Pour présenter le concours, une préparation de deux ans après le bac est indispensable. On peut suivre une classe préparatoire aux grandes écoles (CPGE) rattachée à un lycée ou une prépa intégrée au sein d'une école d'ingénieurs. De plus en plus, les écoles d'ingénieurs recrutent également des titulaires d'un diplôme de niveau bac+2, qu'il s'agisse d'un brevet de technicien supérieur (BTS) ou d'un diplôme universitaire de technologie (DUT). Il est également possible de se former par la voie de l'apprentissage, en particulier au sein des instituts des techniques d'ingénieurs de l'industrie (ITII).

Il existe de nombreuses écoles délivrant des diplômes d'ingénieurs généralistes ou spécialisés. Certaines écoles ont un tronc commun de deux ans et une spécialisation en troisième année. La scolarité est complétée par des stages en entreprises. Avec un diplôme généraliste ou spécialisé, on peut, par exemple, travailler dans un secteur précis de l'industrie aéronautique ou navale.

Parmi les formations spécialisées, on peut citer, entre autres, pour l'aéronautique, l'ingénieur de l'aviation civile, l'ingénieur spécialiste du contrôle de la navigation aérienne, celle d'ingénieur électronicien des systèmes de sécurité aérienne ou encore d'ingénieur maintenance et production aéronautique. Il existe des spécialités pour les hélicoptères, la conception, l'aérodynamique et la mécanique des fluides (eau, air). Mais aussi pour les structures, le thermique, l'électronique et l'informatique, les engins spatiaux ou la propulsion.

Dans la construction navale, l'architecte naval possède souvent une formation d'ingénieur avec une spécialité mer. Mais l'expérience professionnelle joue aussi son rôle dans l'acquisition d'une spécialité.

La formation continue. Il s'agit ici de préparer l'examen alors qu'on a déjà entamé sa vie professionnelle. L'avantage consiste à conserver son emploi. Le cursus est adapté à des candidats partageant leur emploi du temps entre l'école et l'entreprise, mais aussi en fonction de la qualification qu'ils possèdent déjà : cette possibilité est offerte par le Conservatoire national des arts et métiers (CNAM). Par ailleurs, on peut aussi acquérir son diplôme par une formation à plein temps au Centre d'études supérieures industrielles (CESI) en mettant à profit un congé individuel de formation (CIF).

Enfin, on peut devenir ingénieur en validant son expérience de terrain. Il faut alors avoir plus de 35 ans et justifier de cinq ans d'expérience dans des fonctions habituellement confiées à un ingénieur. On devient alors ingénieur diplômé par l'État (DPE).

■ Organiser et piloter un projet

Cet ingénieur doit aussi savoir travailler en collaboration avec les autres services de l'entreprise et posséder certaines qualités en matière de relationnel et d'organisation. D'ailleurs, de plus en plus, il est amené à prendre en charge des projets du début jusqu'à la fin. Dans ce cas, il est appelé responsable ou chef de projet. Son cadre de travail est le bureau d'études indépendant ou intégré dans le cas des grandes entreprises. Pour occuper ce poste, le grade d'ingénieur est souvent requis.

En aéronautique, les grands constructeurs comme Dassault Aviation possèdent leurs propres bureaux d'études spécialisés dans une partie de l'avion. Sur le site de production de Bordeaux-Mérignac, il existe trois bureaux d'études – structures, systèmes et aménagements – dans lesquels on retrouve des ingénieurs.

Le bureau d'études structure et regroupe les spécialistes de la nacelle (partie métallique qui enveloppe les moteurs) et des inverseurs (qui permettent à l'avion de freiner à l'atterrissage). Florent, un ingénieur de chez Dassault Aviation, met ainsi ses compétences en dimensionnement (calcul de la vitesse, de la portance et de la résistance des matériaux), en systèmes hydrauliques et en justification (conformité aux normes de sécurité) à contribution. D'une manière générale, l'ingénieur prend en charge les calculs réalisés pour les essais afin de demander la certification aux normes de sécurité de la structure de l'appareil. Il utilise quotidiennement les logiciels de dessin comme CATIA ou de calcul comme ELFINI.

ÉLECTRICIEN EN BUREAU D'ÉTUDES

Communément, on associe la fonction d'électricien à un métier de terrain. En effet, on l'imagine plutôt en train de monter le système électrique d'un moteur ou d'un avion par exemple.

GROS PLAN

Architecte naval

L'architecte naval conçoit et supervise la construction d'un bateau. De formation architecte ou ingénieur avec une spécialité mer, il réfléchit non seulement à la forme de la coque mais également à l'ensemble des équipements qui forment le bateau.

Concevoir une carène. L'étude et la fabrication de la carène (partie immergée de la coque) représente l'élément central et mobilise des connaissances en hydrodynamique, aérodynamique et technique des fluides. Il travaille à la création mais aussi à l'amélioration des matériels déjà existants suivant différents axes de recherche : augmentation de la vitesse par la forme de la coque, par les appareils de propulsion, par la configuration des voiles.

Cet architecte peut aussi orienter ses recherches vers l'allégement de la masse du navire, notamment par l'utilisation des matériaux composites : ils sont surtout utilisés dans les voiliers de compétition où la vitesse est l'objectif prioritaire. Dans le cas des navires, l'architecte doit prendre en compte des impératifs particuliers quant à la nature des produits, au volume des containers à transporter ou au type de navigation souhaité. Au sein du bureau d'études, il compose les plans de construction et a recours au dessin industriel assisté par ordinateur, à des logiciels de calcul pour tester la résistance des matériaux et de la structure du navire. Il doit aussi prendre en considération toutes les règles qui permettent au bateau d'être convenablement équilibré et pouvoir naviguer en toute sécurité.

Différentes façons d'exercer. L'architecte naval peut travailler seul ou en équipe, au sein d'un bureau d'études (indépendant ou intégré à un chantier de construction). On trouve aussi des architectes navals dont le travail consiste à superviser de bout en bout un projet de construction.

Pourtant, certains électriciens travaillent en bureau d'études, à la mise au point de schémas nécessaires à tout système électrique. Ils portent souvent le titre d'électrotechniciens.

■ Mettre au point le schéma électrique

À partir d'un dossier récapitulatif des caractéristiques d'un appareil, il doit mettre au point le schéma électrique, faire un plan d'ensemble et déterminer les pièces qui vont le constituer. Il faut aussi veiller à la cohérence de l'ensemble, à l'adéquation de l'équipement avec les autres parties de l'appareil, comme entre un moteur naval et son option électrique par exemple.

L'électricien en bureau d'études effectue ce travail à l'aide d'un logiciel de conception assistée par ordinateur qui lui permet de définir la forme de chaque pièce et de l'ensemble, de trouver les composants et les matériaux adaptés, de choisir la meilleure solution parmi plusieurs possibilités. Il doit parfois prendre contact avec les fournisseurs, trouver celui qui offrira le meilleur rapport qualité-prix. L'électrotechnicien doit posséder de bonnes bases en mécanique et en électricité mais aussi une connaissance de son domaine d'activité.

■ Au sein de nombreux secteurs

On retrouve ce métier dans les différentes filières de la construction navale, ferroviaire, aéronautique et spatiale, ainsi que chez les exploitants des produits de ces secteurs. Si l'électrotechnicien travaille dans un laboratoire d'essais, il peut même être amené à tester les produits afin de vérifier si le prototype est conforme au plan. Il peut aussi travailler à la production et au contrôle de la fabrication. Voire à la maintenance et à la réparation des appareils et équipements électriques. Les entreprises font appel à des techniciens pour remplir cette fonction.

LA PRODUCTION

Les métiers de la production sont ceux de l'atelier. Ce dernier est un peu le cœur du métier, là où sont fabriqués concrètement les produits industriels. Le service des méthodes assure la transition entre la volonté du bureau d'études et le travail des opérateurs : les préparateurs mettent au point les procédures de fabrication qui rendent intelligibles les souhaits de la conception. Parmi les opérateurs, on trouve les métiers de base de l'industrie : l'opérateur en structures métalliques, le tourneur-fraiseur, le soudeur. Par production, on comprend aussi les postes d'encadrement, le service du contrôle et de la qualité qui veillent à la conformité et à l'élévation du niveau de qualité des produits.

LA CHAUDRONNERIE

La chaudronnerie est l'un des métiers de base de l'industrie des métaux. L'opérateur en structures métalliques participe à la réalisation et au montage d'objets métalliques. Il intervient pour tracer, c'est-à-dire indiquer sur la feuille de métal où couper et découper les pièces qu'il met ensuite en forme. Il peut aussi percer, visser, riveter afin d'assembler des pièces de métal, qu'il s'agisse de métaux ferreux (aciers), de cuivre, de laiton ou d'alliages légers comme l'aluminium. Il est amené à travailler des plaques de tôle, des tubes, des tuyaux, des profilés qui servent à renforcer une pièce.

■ Un spécialiste du travail des métaux

Une bonne connaissance des métaux, des alliages et des techniques des structures métalliques est donc requise, qu'elle s'acquière par la formation ou par l'expérience. L'opérateur en structures métalliques utilise des appareils spéciaux pour effectuer ces opérations, des plus simples outils comme le marteau aux plus sophistiqués. Il fait aussi appel à des outils informatiques pour réaliser le traçage. Il pilote des dispositifs automatisés pour la mise en forme : pliage, cintrage, emboutissage, étirage. Il accomplit ces tâches à partir d'un dossier de fabrication élaboré par le service des méthodes et doit fabriquer une pièce conforme au dessin indiqué dans le même dossier. Ce qui implique de maîtriser la lecture de plans.

■ Un métier incontournable

On retrouve plus particulièrement ce métier dans l'industrie aéronautique pour le travail sur pièces de métal entrant en ligne de compte pour la construction d'aéronefs. Par exemple, à Aérospatiale, des opérateurs en structures métalliques mettent en forme les différentes parties d'un avion : les pièces exposées à des tractions importantes font l'objet d'un traitement à part, elles sont vérifiées plus minutieusement que les autres. Les matériaux utilisés sont, entre autres, le titane, l'inox et l'inconel.

Les opérateurs en structures métalliques, qu'ils soient opérateurs ou techniciens, exercent également leurs talents dans le ferroviaire, la navale et toutes les industries de travail des métaux comme l'automobile.

LE PRÉPARATEUR

L'action du préparateur se situe à mi-chemin entre le projet et sa concrétisation. Il intervient après le bureau d'études qui détermine la conception des pièces mais avant l'atelier qui les réalise. En tant que technicien, il représente un maillon essentiel dans la chaîne de production puisque son rôle est de rendre claire et intelligible toute information pour les opérateurs sur la fabrication d'une pièce. On le retrouve dans presque tous les secteurs de la production industrielle.

■ Au service des méthodes

Au sein du service des méthodes, le travail du préparateur consiste à réaliser les dossiers techniques utilisés pour la fabrication des pièces ou l'assemblage des éléments constitutifs d'un appareil. Le document de base détaille les différentes opérations à effectuer, l'ordre à suivre pour celles-ci, les outils nécessaires à chaque étape. Il donne toutes les indications et les références précises des produits ou matériaux à utiliser.

Il est accompagné du plan de chaque élément qui peut être réalisé sous la forme d'un dessin développé (c'est-à-dire mis à plat, en deux dimensions) de la pièce. C'est en quelque sorte un guide pratique indispensable contenant toutes les étapes de la marche à suivre.

■ Rédiger le guide de l'opérateur

À chaque nouvelle opération, l'opérateur paraphe le document et y note éventuellement ses observations. À chaque étape de la production, le service de contrôle peut vérifier que l'opération a été effectuée correctement et donne son feu vert pour poursuivre le travail. Cet aspect est surtout valable pour les fabrications à l'unité exigeant un haut niveau de technologie.

Outre la maîtrise du traitement de texte, le préparateur doit posséder une bonne connaissance technique dans son domaine d'exercice : matériaux, dessin industriel, procédés de montage, ajustage et machines outils.

Parfois, le préparateur est aussi amené à travailler au cas par cas afin d'apporter des réponses appropriées aux questions posées par le bureau d'études. Par exemple, le bureau d'études veut connaître le prix d'une pièce ou d'une modification à apporter à un produit : pour cela, il demande au préparateur de chiffrer le coût du travail en temps et en argent. Le préparateur doit alors se renseigner auprès de l'atelier, mener une mini-enquête et présenter une solution. Une tâche qui lui demandera de faire appel à ses connaissances de l'atelier, des opérateurs, mais aussi des fournisseurs.

L'INGÉNIEUR DE PRODUCTION

L'ingénieur de production est le chef d'orchestre de la partie fabrication : autant dire qu'il occupe une place primordiale dans le processus de fabrication et dans la gestion des compétences au sein de l'atelier. Il doit connaître les différents savoir-faire de son secteur, le fonctionnement de l'entreprise, organiser au mieux la production.

Chargé de constituer les équipes et d'adapter les rythmes de production aux nécessités dictées par le service commercial, il est en contact permanent avec la conception, les méthodes, le contrôle et la qualité, et les essais. Il est responsable des délais de livraison et du niveau de qualité des produits. Il est en relation avec la maintenance dont il prévoit les révisions de matériel et les interventions. Il est souvent consulté pour l'achat des matériels de fabrication dont il a la connaissance pratique.

LA SOUDURE

C'est l'un des métiers de base de l'industrie : le soudeur intervient dès qu'il s'agit d'assembler des pièces métalliques. Son poste nécessite la maîtrise des techniques de soudure utilisées dans son domaine d'activités : microsoudure, soudure au plasma, au laser, soudure TIG (Tungstène Inner Gaz) plus résistante, soudure enrobée qui empêche l'oxydation, soudure à l'arc, etc.

Le soudeur acquiert donc une connaissance des métaux qu'il travaille mais aussi des outillages et équipements nécessaires dans son domaine. Savoir faire fonctionner et régler une machine automatique de soudage est indispensable.

ZOOM Le travail posté

Pour satisfaire au relèvement du niveau de compétitivité des produits, les entreprises développent des systèmes de rotation des personnels sur un même poste de travail, sur un même équipement.

Travail non-stop. Certaines machines-outils représentent un investissement lourd pour les finances de l'entreprise : faire travailler en 2 x 8 (travail posté discontinu) ou en 3 x 8 (travail posté semi-continu) différentes équipes permet de réduire considérablement les coûts de fabrication en réduisant les dépenses en machines-outils. Certaines entreprises pratiquent même le travail posté continu, c'est-à-dire vingt-quatre heures sur vingt-quatre et sept jours sur sept. La machine n'est arrêtée qu'en cas de révision.

Répondre à une grosse commande. Parfois, c'est la seule réponse possible pour faire face à une commande massive à effectuer dans un délai très court. Cette pratique est dans de nombreux cas saisonnière et correspond à une situation ponctuelle. Elle demande une gestion particulière de l'emploi du temps des effectifs qui est réalisée par les responsables de la production.

Minutie et attention

Le soudeur doit savoir lire les dossiers de production où sont consignées les opérations à réaliser. Son travail exige une grande minutie (la microsoudure par exemple) afin d'effectuer des soudures conformes au niveau de qualité requise. Le port d'un équipement spécial (masque de protection pour se protéger de

À SAVOIR

La formation continue

Tous les profils peuvent bénéficier de la formation continue, c'est-à-dire l'acquisition de compétences supplémentaires et de nouveaux savoirs professionnels. Par exemple, dans la métallurgie ou la plasturgie, il est possible d'obtenir des qualifications reconnues par la branche et qui sont particulièrement adaptées à un métier : les certificats de qualification paritaire de la métallurgie (CQPM) qui peuvent se préparer dans le cadre d'un congé individuel de formation (CIF) ou dans le cadre du plan de formation de l'entreprise.

On peut bénéficier de la formation continue auprès d'organismes spécialisés dans la formation pour adultes, en école ou à l'université dans le cadre de cursus aménagés. Certaines entreprises forment aussi leurs personnels au cours de stages en interne. C'est non seulement une obligation (1,5 % de la masse salariale) mais certaines n'hésitent pas à dépasser le quota. D'autant plus que, de plus en plus, les mutations technologiques et le recours à de nouveaux procédés de fabrication demandent que les usagers reçoivent une formation spécifique. Par exemple, chez Dassault, une des préoccupations majeures est la formation des personnels (plus de 4 % de la masse salariale) qui se fait au cours de sessions, parfois d'une demi-journée, mais à plusieurs reprises et sur des thèmes très différents.

la lumière intense et des projections, gants et combinaison) est nécessaire. Suivant la nature du poste, il sera occupé par un opérateur ou un technicien.

Il exerce ses talents dans l'industrie ferroviaire pour la construction du matériel roulant ou la voirie, dans la construction navale où son activité est centrale dans l'assemblage des navires et dans l'aéronautique. Il peut travailler en atelier ou en plein air : dans la construction navale, par exemple, on retrouve les soudeurs à la production en atelier pour assembler les pièces de la coque mais aussi sur le bateau lui-même pour les finitions.

LE STRATIFIEUR-MOULISTE

Le stratifieur-mouliste réalise des pièces en matières plastiques, synthétiques ou composites à partir d'un moule. Il dispose des couches d'armature ou de résine dans un moule préalablement ciré afin de constituer, par exemple, la coque d'un voilier. Il peut aussi être amené à réaliser l'assemblage des différentes pièces constitutives d'un ensemble. Il sait maîtriser le collage à partir de résines spéciales. Enfin, il doit également connaître des techniques comme le thermoformage, la compression, l'injection et l'extrusion.

En tant que technicien mouliste, il doit pouvoir concevoir un moule à partir d'un dossier de production. Il doit être capable d'usiner les différents éléments constitutifs d'un moule. Ce métier nécessite donc une formation à la lecture de plans. Il peut encore être amené à entretenir, réparer, améliorer et modifier des moules déjà existants. Sa connaissance des matériaux et des techniques lui offre la possibilité de travailler dans les domaines de l'industrie aéronautique, spatiale, ferroviaire et plus particulièrement dans la filière nautique.

LA PRODUCTIQUE

Les métiers de fraiseur et tourneur sur commande numérique (ou de producticien) consistent à travailler sur la forme des matériaux : d'un bloc de métal, le tourneur doit à l'aide des outils (le tour) réaliser la forme voulue, indiquée par un document regroupant le plan et le détail des opérations à effectuer.

À SAVOIR

Polycompétence et polyvalence

L'évolution des techniques et le renouvellement accéléré des procédés de fabrication ont profondément changé le contenu de nombreux métiers. Ces savoir-faire s'acquièrent au sein de l'entreprise : en s'adaptant à une nouvelle organisation de la production, au cours de stages, en obtenant d'autres qualifications. Voire en passant des examens de la profession. Tant et si bien que de plus en plus de postes de travail sont en fait des ouvertures sur d'autres horizons professionnels, d'autres débouchés et d'autres métiers.

La polycompétence. Le fait de pouvoir réaliser différentes tâches autrefois typiques de plusieurs postes est une qualité de plus en plus recherchée par les entreprises. Si le bagage technique et les notions de bases d'un métier sont nécessaires, ils ne sont plus suffisants : la capacité à changer de poste est devenue une exigence à satisfaire. Pour ce faire, certaines sociétés n'ont d'ailleurs pas hésité à complètement révolutionner leur méthode de fabrication en mettant l'accent sur l'autonomie et le sens de l'initiative de leurs salariés.

Évolution et adaptation. S'adapter rapidement, aimer découvrir et acquérir des savoir-faire, organiser son emploi du temps, sont des capacités appréciées par les recruteurs. Le travail en équipe ou en cellule de production autonome montre que les tâches sont plus variées qu'elles ne l'étaient autrefois ; le travail est aujourd'hui moins compartimenté, l'évolution se fait de manière plus transversale.

Le fraiseur, grâce à la fraise, perce et façonne ainsi la pièce. Ces métiers demandent une certaine dextérité et une grande expérience, d'autant plus que les formations initiales ne sont pas toujours en phase ni même adaptées à la réalité du métier.

■ Un nouveau métier

Le métier de tourneur-fraiseur a connu de profondes transformations puisqu'aujourd'hui, en plus des qualifications traditionnelles acquises sur la fraise et sur le tour, il est devenu nécessaire de maîtriser aussi la programmation.

Pour des raisons de coûts, de rapidité et de standardisation des produits, de nombreuses entreprises se sont équipées de matériels à commande numérique. Or, cet automatisme, loin d'avoir remplacé l'homme, demande de nouvelles compétences. Concrètement, il s'agit de piloter le dispositif par l'intermédiaire d'un logiciel.

La programmation, dans le cas de découpes complexes, peut être longue comparée au temps qu'il faut pour réaliser la pièce sans commande numérique, avec une machine traditionnelle. C'est pourquoi, on utilise ce mode de production dans le cas de séries de pièces identiques. Une fois programmée, la machine peut réaliser les mêmes opérations à l'infini.

■ La révolution du numérique

Pourtant, la commande numérique a aussi ses limites. Elle n'est pas rentable à utiliser dans le cas de la fabrication de pièces uniques : les ateliers travaillant des pièces pour prototypes, par définition uniques, utilisent moins la commande numérique. Par ailleurs, les opérateurs connaissent d'abord la fabrication classique avant de passer à l'ordinateur. Enfin, même si la machine peut faire le gros du travail, elle ne réalise que rarement l'ensemble de la tâche. Ne serait-ce que pour le contrôle des pièces. Ce poste est confié à un opérateur ou à un technicien.

REPÈRES

Se former en alternance

Il existe plusieurs dispositifs pour bénéficier d'une formation professionnelle adéquate et surtout qui vous ouvre les portes de l'entreprise le plus largement possible. Mieux que le stage, car plus long et habituellement mieux payé, l'apprentissage a aussi l'avantage d'alterner période d'étude et de terrain.

Le principe de l'alternance. Une bonne piste pour accéder à l'emploi consiste à choisir un dispositif de formation en alternance : vous partagez votre temps entre le centre de formation et l'entreprise. Vous pouvez ainsi appliquer sur le terrain ce que vous apprenez à l'école. L'aller-retour entre vos deux lieux de travail – l'école et l'entreprise – vous permet d'être opérationnel sur le poste beaucoup plus rapidement. Vous bénéficiez des deux points de vue, scolaire et professionnel.

C'est, de loin, l'un des meilleurs moyens pour intégrer le monde du travail et remédier rapidement à votre manque d'expérience. Vous bénéficiez d'un contrat de travail à durée déterminée : l'entreprise vous embauche à temps plein mais vous ne passez effectivement qu'une partie de votre temps sur le lieu de travail. Vous percevez donc un salaire pendant votre formation initiale.

Un CDD implique un salaire (en pourcentage du SMIC) : l'alternance est la solution toute trouvée si vous n'avez pas les moyens de financer la totalité de vos études ou si vous voulez gagner en indépendance. Mais sachez que la rémunération est modulée en fonction de l'âge.

Cette formule est de plus en plus répandue parmi les jeunes en formation, quel que soit leur niveau : l'image de l'apprenti a changé et concerne tous les niveaux de formation, du certificat d'aptitude professionnelle (CAP) au diplôme d'études supérieures spécialisées (DESS) ou à l'ingénieur. Dans ce dernier cas, les instituts des techniques d'ingénieurs de l'industrie (ITII) permettent par exemple de bénéficier de cette filière.

Concrètement, plusieurs solutions existent pour se former en alternance : le contrat d'apprentissage et le contrat de qualification.

Le contrat d'apprentissage concerne tous les niveaux de formation du CAP à l'ingénieur. Il faut passer entre quatre cents et huit cents heures annuelles en centre de formation d'apprentis de l'industrie (CFAI) suivant le niveau d'études, le reste en entreprise sachant que l'année compte environ 1 859 heures de travail (11 x 169 heures mensuelles). Le contrat dure entre un et trois ans et la rémunération oscille entre un quart et trois quarts du SMIC.

Le contrat de qualification est conclu pour une durée de six mois à deux ans entre un jeune et l'employeur avec au moins 25 % de la durée du contrat passés en centre de formation : les conditions de salaire et de niveau de formation sont à peu près équivalentes au contrat d'apprentissage. La principale différence réside dans le fait qu'il s'agit d'une qualification reconnue par la branche professionnelle, donc en phase avec le métier. Le choix est aussi plus large pour les établissements de formation qui peuvent être publics ou privés.

Pour tout renseignement sur l'apprentissage dans l'industrie, consultez le site Internet de l'UIMM : http://www.uimm.fr, rubrique « les jeunes et l'industrie / se former par l'apprentissage / choisir sa formation ».

LE SERVICE QUALITÉ

Le qualiticien n'est pas « l'inspecteur des travaux finis » : ses compétences sont beaucoup plus étendues. Ingénieur ou technicien, il est le garant de la qualité des productions de l'entreprise.

■ Objectif « zéro défaut »

Travaillant au sein du service de la qualité, son but est de parvenir au niveau de conformité parfait, le « zéro défaut ». Pour cela, il doit former et motiver les membres de son équipe et s'assurer que les pièces sortant de l'atelier sont parfaitement conformes au dossier de fabrication. S'il s'agit d'une entreprise travaillant des pièces au coup par coup, pour des prototypes par exemple, le qualiticien vérifie pièce par pièce la conformité du travail. S'il s'agit de productions en séries, le service qualité fait un sondage parmi les lots en vérifiant par exemple une pièce sur cinquante.

Souvent, ce travail est effectué grâce à des appareils de pointe, utilisant la technologie laser. La pièce peut être mesurée au millimètre près, ce qui est capital notamment dans la micromécanique ou la mécanique de précision. Une erreur apparemment infime peut remettre en cause tout le fonctionnement d'un mécanisme. Toute erreur entraîne le veto du service qualité. Il faut alors corriger la pièce afin d'éliminer les imperfections ou bien en fabriquer une nouvelle, mais aussi rechercher les causes de l'erreur. D'où une cascade de problèmes : perte de temps, non respect des délais de livraison, manque à gagner pour l'entreprise et peut-être même un client qui changera de fournisseur…

■ Des compétences très larges

Mais les compétences du qualiticien ne se limitent pas aux seules productions de l'entreprise : dans le cas d'un grand donneur d'ordres, le responsable qualité est amené à vérifier chez le sous-traitant le niveau de qualité de ses produits : cette collaboration peut aller jusqu'aux procédés de fabrication. Il peut aussi gérer

ZOOM

La qualité totale

Le « zéro défaut » est devenu l'objectif prioritaire de nombreux fabricants. En effet, la qualité totale joue un rôle crucial pour la réputation des produits de l'entreprise, donc la satisfaction et la fidélisation des clients. Elle permet de limiter les pertes et les retours des produits en usine. De cette manière elle participe à la compétitivité des produits.

Cette politique est mise en place par le service qualité et doit, pour être efficace, s'exercer à tous les niveaux de la fabrication. Elle doit toucher tous les salariés de l'entreprise. Au sein des cercles de progrès, les professionnels se regroupent, partagent leurs expériences et trouvent des solutions pour améliorer le *process* à chaque étape de la fabrication. C'est à tous les niveaux que la motivation et l'adhésion des salariés doivent se faire. Les cercles de progrès ont été mis en place sur le modèle de l'industrie japonaise, réputée pour sa performance.

En France, elle date des années 80. Mais le système n'est valable que s'il s'applique à l'ensemble des intervenants sur un produit, de la matière première au conditionnement, en passant par les sous-traitants.

les certifications que certaines grandes entreprises délivrent à leurs fournisseurs comme gage de sécurité. Ces certifications sont régulièrement contrôlées afin d'éviter toute dérive et prise de risques. Les personnels peuvent aussi être certifiés, c'est-à-dire posséder une qualification agréée par l'entreprise cliente.

Le qualiticien est amené à se déplacer chez les sous-traitants. Dans certains cas, il doit pratiquer une langue étrangère. Suivant ses compétences, son champ d'action et ses responsabilités, le qualiticien est technicien, ingénieur ou expert.

À SAVOIR

Les CQPM

Pour mieux répondre aux besoins des entreprises, quelque 160 certificats de qualification paritaire de la métallurgie (CQPM) ont été mis en place. Résolument tournés vers la technique (la formation ne comprend pas d'enseignements généraux), ces certificats sont accessibles notamment par la voie de l'alternance ou de la formation continue.

• **Des CQPM dans l'industrie aéronautique, spatiale, navale et ferroviaire.** On trouve des CQPM spécialisés dans chaque domaine de la production industrielle. Comme dans les autres secteurs, les CQPM de l'aéronautique, du ferroviaire et de la navale permettent de valider une expérience et d'être tout de suite opérationnel. Ainsi, le CQPM « Tuyauteur en construction navale » valide, entre autres, « la capacité du diplômé en lecture de plan de bateau ; confection de ligne de tuyauterie plus ou moins complexe ; traçage, montage et raccordement de la pièce fabriquée à l'ensemble que constitue le navire ». Il doit également « connaître les normes de sécurité pour le montage mais aussi pour exercer sa fonction ».

L'électronique concerne une grande partie des CQPM existants. Le technicien d'essai en électronique embarquée, qu'on retrouve souvent dans l'aéronautique, doit être capable de mener les tests de fonctionnement, d'analyser les pannes, et donc de s'y connaître à fond dans toutes les branches de l'électronique (analogique, numérique et microprocesseurs). De même pour le certificat de technicien de développement et d'intégration en électronique embarquée qui travaille à l'élaboration, sous la direction d'un ingénieur, des spécifications, des prototypes, des essais, de l'industrialisation et du suivi de la fabrication de la maquette.

• **Où préparer un CQPM ?** La préparation se fait dans des centres de formation d'apprentis (CFA), dans des associations pour la formation professionnelle dans l'industrie (AFPI) implantées dans les régions, dans des chambres de commerce et d'industrie, au sein de certaines universités ou encore dans des organismes de formation privés. Vous passerez environ les deux tiers de votre temps en entreprise où vous serez embauché sous contrat de qualification pour une période d'un à deux ans. Le salaire varie entre 30 et 75 % du SMIC (suivant l'âge et l'ancienneté).

• **À l'issue de la formation**, vous passerez un examen écrit, fondé le plus souvent sur une étude de cas, assorti d'une épreuve pratique. Le tout sera évalué par une équipe de formateurs et de professionnels. En cas de réussite, on vous délivrera votre CQPM. Un avantage à ne pas négliger : les CQPM permettent de se positionner dans les grilles de classification des conventions collectives. De ce fait, elles vous donneront droit à une rémunération en rapport direct avec la qualification que vous aurez obtenu.

• **Pour tout renseignement.** Afin de définir leurs besoins, les salariés de l'industrie, mais aussi des jeunes désirant y entrer, peuvent aussi se rendre auprès des centres d'évaluation des potentiels à se former de l'industrie (CEPFI). Une fois votre profil évalué, le CQPM identifié en accord avec vous et l'entreprise, le CEPFI déterminera la durée et le contenu de la formation vous permettant d'atteindre le niveau de qualification requis. Vous trouverez les coordonnées des CEPFI sur le Minitel 3615 UIMM.

LA MAINTENANCE ET LA RÉPARATION

Qu'elle se fasse en interne par le service maintenance ou en externe par une entreprise sous-traitante, la maintenance a pris une place centrale dans le bon fonctionnement de l'entreprise. Entretenir, préserver en bon état de marche, prévenir les pannes ou les dérèglements sur une machine-outil perfectionnée est en effet devenu un souci prioritaire des responsables de la production. Dans certaines entreprises dotées de chaînes de fabrication automatisées, la moindre immobilisation d'une machine perturbe toute la production et entraîne à coup sûr un manque à gagner. Pourtant, la maintenance, si elle est bien organisée, peut devenir un véritable outil de gestion et une source de gain de productivité.

Ce besoin des entreprises est à l'origine de la création de nombreux métiers spécialisés dans les différents domaines d'exercice : entretenir fait appel à des connaissances en mécanique, électronique, hydraulique ou pneumatique, plus généralement à toutes les techniques utilisées dans un équipement de production. Mais la maintenance concerne aussi la bureautique, les télécommunications, les ascenseurs, en bref tous les automatismes qu'on peut trouver dans l'entreprise, même ceux qui ne participent pas directement à la production industrielle.

La réparation est également un secteur important, source de multiples qualifications et de spécialités professionnelles. Comme pour la maintenance, les réparateurs acquièrent une qualification suivant le secteur d'activité. Ils exercent leur profession en interne ou au sein d'une société de dépannage. La rapidité d'intervention, de diagnostic et de réparation est devenue la qualité de base du bon dépanneur. Enfin, il doit être aussi un bon gestionnaire, notamment pour le stock, disposer des pièces de rechange nécessaires ou se les procurer dans les plus brefs délais.

INGÉNIEUR DE MAINTENANCE INDUSTRIELLE

Prévenir plutôt que guérir, telle pourrait être la devise de l'ingénieur de maintenance industrielle, appelé aussi responsable de la maintenance.

■ Anticiper la panne

En effet, le but de l'ingénieur de maintenance est d'élaborer des plans de surveillance de tous les automatismes et plus particulièrement des machines-outils de l'entreprise. Sa responsabilité est importante car une société ne peut se permettre d'attendre qu'une machine tombe en panne pour la réparer, car dans certains cas, cela peut entraîner une perturbation de toute la chaîne de production.

Il organise les révisions générales qui permettent de prévenir les pannes, de détecter les usures de matériel (maintenance préventive). Il est aussi amené à mettre en place les dispositifs de veille qui donnent l'alerte avant que la machine cesse de fonctionner. Une surveillance d'autant plus importante que certaines machines-outils sont exposées à des rythmes de fonctionnement intensifs, parfois vingt-quatre heures sur vingt-quatre. Cet ingénieur doit pouvoir diagnostiquer un dysfonctionnement, déterminer la durée de l'immobilisation et apporter une solution rapidement.

■ Un diagnostic rapide et sûr

L'ingénieur de maintenance doit aussi posséder de bonnes connaissances en mécanique, hydraulique, pneumatique et électricité. Enfin, s'il doit bien connaître les outils de production et être capable d'effectuer un réglage, savoir organiser un planning afin de prévoir les différentes étapes de révision fait aussi partie de ses compétences. Il est responsable de la formation des techniciens et des opérateurs de maintenance. Il gère la documentation et les stocks de pièces de rechange afin de ne pas être à cours en cas d'intervention. On sollicite même, dans certains cas, son expérience des machines-outils qui peut être précieuse pour l'achat d'un nouveau matériel.

Il peut travailler au sein du service maintenance d'une entreprise comme dans une structure indépendante qui intervient chez des clients, au coup par coup ou dans le cadre d'un contrat de maintenance.

MÉCANICIEN DE MAINTENANCE AÉRONAUTIQUE

Le mécanicien de maintenance aéronautique doit vérifier, réviser et réparer les avions. Il intervient au cours des visites de contrôle régulières, puisqu'il est obligatoire de maintenir les aéronefs en parfait état de fonctionnement : contrairement à d'autres types de réparation, on n'attend pas la panne pour intervenir. Il s'agit donc d'une action préventive qui consiste à détecter ce qui ne marche plus correctement, ou plus difficile, ce qui risque de ne bientôt plus fonctionner du tout.

■ Les niveaux de révision

Il existe plusieurs niveaux de révision, suivant le gabarit de l'appareil : des visites de routine à la révision générale (entre 2 000 et 16 000 heures de vol suivant la taille de l'avion).

Pour les avions légers, le mécanicien aéronautique est souvent polyvalent et doit s'y connaître dans toutes les parties de l'appareil : il doit pouvoir détecter les dysfonctionnements tant au niveau de la structure que du moteur ou du circuit électrique.

Dans tous les cas, il faut qu'il soit capable de démonter, remonter des équipements, comprendre le fonctionnement d'un montage, savoir lire un schéma, régler et faire les essais nécessaires.

ZOOM

La maintenique

La maintenique est l'utilisation de l'informatique à des fins de maintenance. Plus concrètement, il s'agit d'introduire des dispositifs d'alerte de dysfonctionnement. Ces ordinateurs permettent d'aider au diagnostic, de localiser plus rapidement une panne : c'est la MAO (maintenance assistée par ordinateur). Quant à la GMAO (gestion de la maintenance assistée par ordinateur), il s'agit des dispositifs informatiques qui permettent de se servir de la maintenance comme d'un outil de gestion.

Des notions de mécanique, d'électricité, d'électronique, de chaudronnerie sont requises, ainsi que des connaissances en matériaux et composites. Enfin, la connaissance de l'anglais technique est de plus en plus appréciée.

■ À chaque partie de l'avion son spécialiste

Pour les avions de lignes chargés du transport de passagers, les ateliers de révision sont organisés en équipes qui prennent en charge une partie de l'aéronef :
• les mécaniciens EIR s'occupent de l'électricité et des instruments de pilotage, dont la radio ;
• les mécaniciens CME se chargent de la cellule (ailes et fuselage), des moteurs et du circuit électrique ;
• les mécaniciens structures interviennent sur l'enveloppe métallique de l'appareil.

Pourtant, les mécaniciens de ces trois catégories possèdent une formation commune et font le même travail dans des domaines distincts. Ils doivent posséder des connaissances en aéronautique, savoir comment fonctionne un avion.

LES MÉTIERS ANNEXES DE L'INDUSTRIE

Outre les professions de la conception et de la fabrication, on trouve dans l'entreprise industrielle bon nombre d'autres métiers : ces personnels s'occupent de la commercialisation, de la diffusion, du transport des produits. Ils représentent un maillon essentiel à la bonne circulation des biens à l'intérieur et à l'extérieur du site de production. Ils travaillent aussi à l'approvisionnement de la production en matières premières et se chargent des achats et des relations avec les sous-traitants.

LA LOGISTIQUE

Le logisticien travaille au transport des produits de l'entreprise en amont et en aval de la fabrication. Son but est d'alimenter la production en matières premières et d'expédier les produits finis. Les logisticiens se trouvent soit dans les sociétés de transport, soit au sein même de l'entreprise. Lorsqu'ils sont rattachés au service transports d'une entreprise industrielle, ils doivent faire circuler les produits à l'intérieur de la société, d'un service à un autre.

■ La course contre la montre

Le logisticien doit réduire au maximum les délais de livraison d'un point à un autre, trouver les voies d'accès les plus courtes, livrer au bon moment, gérer le personnel manutentionnaire ou conducteur pour les transports routiers. Il doit aussi planifier les allers et retours des véhicules et, surtout, établir le meilleur rendement entre la qualité, le prix et la rapidité d'exécution.

Il est en contact permanent avec les fournisseurs et doit gérer les stocks : c'est la production en flux tendus, c'est-à-dire la

ZOOM

Le « juste-à-temps »

Cette technique vise à organiser la production de l'entreprise en fonction de la demande. Plus concrètement, elle consiste à ne produire que ce qui est commandé pour ne jamais accumuler les stocks inutiles et coûteux. Le « juste à temps » demande un grand sens de l'organisation et de la réactivité : il faut pouvoir satisfaire le client en lui garantissant des délais de livraison courts mais aussi d'être approvisionné en matières premières quelle que soit la quantité.

Ce mode de production entraîne un changement d'organisation sur toute la chaîne de fabrication. Elle exige un développement de la flexibilité de l'emploi : l'entreprise doit pouvoir changer l'emploi du temps des salariés (par exemple travailler en 3 x 8), faire appel à un surplus de main-d'œuvre en cas de besoin.

Cela demande aussi une organisation des équipes de travail en cellules autonomes afin d'en réduire le nombre, le but étant qu'un produit passe par le moins d'étapes de fabrication possibles.

Les salariés y gagnent en polyvalence et exercent donc plusieurs métiers en un seul poste. Elle réclame enfin le même type d'organisation du côté des fournisseurs et pour le transport des produits finis.

réduction maximale des stocks de marchandises, qui a complètement bouleversé la profession et donné la priorité au transport routier, plus souple.

Aujourd'hui, la logistique est devenue un outil de gestion de l'entreprise. La production est déterminée au plus près de la demande pour réduire le stock : moins on immobilise de produit, plus on fait d'économie. Le logisticien doit mettre en pratique cette politique et il est responsable d'un budget qu'il doit gérer au plus serré.

L'ACHAT INDUSTRIEL

Au sein du service des achats, l'acheteur industriel doit superviser l'acquisition des produits et des services nécessaires à la production et au fonctionnement de l'entreprise (bureautique, fournitures, flotte). Ainsi, il se charge de l'achat des matières premières utiles à la fabrication des produits de l'entreprise. Il doit rechercher les matériaux utilisés, les fournir en quantité, qualité et dans les délais déterminés par la production. S'il s'agit de métaux ou de composites, il doit avoir une bonne connaissance technique dans ces produits, acquise par ses études ou sur le terrain. Il doit aussi connaître les procédés de fabrication au sein de l'entreprise.

■ L'achat des produits et des services

Dans le cas d'un donneur d'ordres, l'acheteur est en charge des relations avec les sous-traitants puisqu'il leur achète les produits. Il doit trouver celui qui effectuera le travail confié au meilleur qualité-prix, connaître et contrôler leur fabrication, s'assurer du respect des délais impartis.

Il est aussi en charge des éventuels contrats de partenariat qu'un donneur d'ordres passe avec ses sous-traitants. Ces contrats concrétisent l'engagement du donneur d'ordres à faire fabriquer par un fournisseur un produit pendant une durée déterminée. L'acheteur assure le suivi des contrats, se rend chez les fabricants, garde le contact avec son interlocuteur afin d'être toujours au courant des difficultés (retards, surcoûts, problèmes de fabrication…) qui pourraient survenir. Ce qui demande d'être doté de bonnes qualités relationnelles.

■ La technique alliée à la négociation

La responsabilité de l'acheteur est très importante puisque l'achat va en partie déterminer le prix de revient final du produit fabriqué par l'entreprise. Toute son attention doit se porter sur la réduction du prix d'achat de la matière première ou de l'objet dans la mesure où cet impératif n'a pas de conséquence sur la qualité du produit final. C'est pourquoi, son sens de la négociation commerciale est en permanence sollicité. C'est son point commun avec le travail de technico-commercial.

En ce qui concerne le parcours professionnel, on trouve des profils d'horizons divers parmi les acheteurs, qu'ils viennent de la partie commerciale ou de la filière technique. Il peut avoir le statut de cadre et une formation de technicien, technicien supérieur, voire ingénieur. Certains acheteurs sont parfois rentrés dans l'entreprise en tant qu'opérateur et ont évolué vers ce poste en interne.

CHARGÉ D'AFFAIRES

C'est le métier d'interface par excellence. Le chargé d'affaires est responsable du lien entre la production et le client, entre l'interne et l'externe. Il représente un maillon essentiel de la bonne marche des affaires en s'assurant que les clients sont satisfaits des services de l'entreprise.

Dès qu'un contrat est signé entre le client et le service commercial, le technico-commercial transmet le dossier au chargé d'affaires qui sera l'interlocuteur du client dans ses demandes. À lui alors de coordonner la production, de gérer les aléas, les imprévus qui vont retarder la date de livraison prévue : « La gestion des délais de livraison est un impératif absolu, il en va de la crédibilité de la marque », précise Jean-Jacques Fontaine, chargé d'affaires chez Cummins-Wärtsilä, fabricant de moteurs de bateaux pour la marine marchande.

■ De la signature du contrat à l'extinction de la garantie

Des délais de livraison d'autant plus importants que chaque fabricant ne peut pas répercuter les retards pris par l'un d'entre eux. Dans la filière navale par exemple, il arrive que pour respecter ses délais le constructeur de la coque termine le montage de celle-ci avant d'avoir reçu le moteur, ce qui entraîne un découpage de la coque pour l'installer après. D'où un surcoût et un retard pénalisant pour le fabricant de moteurs et le client. Le chargé d'affaires doit donc faire appliquer très rigoureusement le planning défini lors du contrat.

Le chargé d'affaires supervise la production et les essais. Il veille à ce que les normes de sécurité soient respectées afin que le produit puisse recevoir, s'il y a lieu, les agréments nécessaires. Il suit le produit après la livraison et pendant toute la durée de la garantie. Si un problème se pose pendant cette période, le chargé d'affaires coordonnera les équipes de maintenance et de réparation qui interviendront chez le client.

■ Technique et commerce

Autant dire que le poste de chargé d'affaires nécessite un goût prononcé pour les relations humaines, tant au sein de l'entreprise qu'avec les clients, comme une certaine habileté dans la négociation. Être organisé, savoir anticiper mais aussi déléguer tout en s'assurant des résultats. Des compétences techniques en rapport avec le domaine d'exercice sont les bienvenues. Enfin, la pratique d'une ou plusieurs langues étrangères est recommandée dans les secteurs de la construction aéronautique, spatiale, navale et ferroviaire qui recherchent de plus en plus leurs clients et leurs fournisseurs à l'étranger.

Ce type de poste est souvent confié à de jeunes ingénieurs. Pourtant, des techniciens ou même des opérateurs de formation y accèdent avec une bonne expérience.

PARTIE 4

COMMENT DÉBUTER

C'est décidé, les industries navale, aéronautique, spatiale ou ferroviaire vous séduisent et vous voulez maintenant postuler. Voici quelques conseils utiles pour faire ses premiers pas dans la vie professionnelle et pour savoir quelles sont les meilleures solutions pour passer de l'école à l'entreprise avec le plus de succès : construire et choisir la formule qui vous permettra d'accéder au monde du travail en limitant les temps morts, les périodes de chômage, en frappant tout de suite aux bonnes portes.

Pour accéder le plus rapidement possible au poste que vous avez choisi, voici quelques conseils utiles à mettre tout de suite en pratique. Soyez organisé et ne négligez aucune piste, aucune source d'information ; mobilisez vos connaissances, faites jouer vos relations : rien ne doit échapper à votre vigilance. Il n'y a que comme ça que vous progresserez, que vous affinerez votre recherche jusqu'à devenir un pro de la recherche d'emploi.

SOMMAIRE

FAIRE SES PREMIERS PAS

Avant même de s'orienter dans une voie particulière, il faut définir très clairement ses objectifs professionnels : pas évident quand on a 18 ans et pas de connaissance concrète du terrain, pas d'expérience du travail dans l'industrie ou dans un autre secteur, ce qui vous permettrait d'avoir un peu de recul par rapport à votre avenir professionnel.

DÉTERMINEZ CLAIREMENT VOS OBJECTIFS

On peut, tout au moins, faire déjà le point sur ses goûts : bon nombre de salariés de la construction navale ont baigné, dès leur enfance, dans le rêve de ces grands paquebots qu'ils voyaient parfois sortir des chantiers.

Même chose dans l'aéronautique où l'engouement pour les avions est parfois très fort : voler a toujours représenté un mythe, aujourd'hui devenu réalité. Une vie professionnelle réussie passe avant tout par la réalisation de ce rêve : travailler dans le domaine qu'on aime, choisir le métier dans lequel on souhaite s'épanouir.

■ Le cadre de travail

Le cadre dans lequel on aimerait travailler est important : certains souhaitent œuvrer à l'atelier, c'est-à-dire à la production concrète des produits; d'autres se voient davantage au bureau d'études à la conception et utiliser des logiciels de CAO. Enfin, ceux qui ont le sens des contacts et de la négociation aimeront s'orienter vers la partie commerciale et les achats.

La structure dans laquelle on aimerait travailler compte aussi beaucoup : pour certains, les immenses chantiers navals et la construction de navires gigantesques font partie d'un rêve. C'est un univers à grande échelle au niveau de l'emploi : il arrive que des sites industriels regroupent des milliers de salariés, au risque d'être considéré comme un numéro parmi tant d'autres. Il existe aussi, à l'opposé, les adeptes d'unités de production plus petites : leur domaine, c'est la petite, voire la moyenne entreprise industrielle, souvent sous-traitante d'un grand donneur d'ordres. Les relations y sont parfois plus individualisées, plus personnalisées, le nombre de collègues plus réduit que dans les grandes entreprises.

Enfin, il y a les indépendants qui veulent créer leur propre entreprise, être leur propre patron. Mais, dans ce cas-là, il faut regrouper de nombreux d'atouts : avoir des idées de génie que les autres n'ont pas déjà, maîtriser un savoir-faire, avoir une expérience, trouver les financements. Beaucoup de petites et moyennes entreprises ont démarré à la suite de professionnels qui se sont mis à leur compte.

■ Le cadre de vie

Le choix du cadre de vie est aussi important : les inconditionnels de leur région natale sont nombreux : ils s'y trouvent bien, ne veulent quitter ni leurs amis, ni leur famille ou n'ont trouvé aucune autre région aussi attirante que la leur. Pourtant, il est souvent dommage de ne pas profiter de ses débuts professionnels pour élargir son champ de recherche d'activité, de mettre en avant sa mobilité qui de toute façon est une donnée réclamée par de plus en plus d'entreprises.

Pour les plus diplômés, ne pas changer de région voire refuser de s'expatrier peut les faire passer à côté d'opportunités professionnelles souvent intéressantes et enrichissantes. D'autant plus que certains métiers demandent nécessairement d'être très mobile : « Les marketeurs doivent ainsi parcourir le monde à la rencontre des clients », souligne ainsi Henri Fagnoni, des ressources humaines du site de production des satellites d'Aérospatiale.

CONSEIL

Des études plus ou moins longues ?

Veut-on poursuivre les études longues jusqu'à bac+5 ou bien choisir une filière courte, qui mène rapidement au marché du travail et à l'emploi, quitte à reprendre ses études plus tard. Du temps d'étude va aussi dépendre le niveau d'entrée dans l'entreprise : avec un diplôme d'ingénieur, on peut avoir un début de carrière plus rapide, avec un bac professionnel, un certificat d'aptitude professionnelle (CAP) ou un brevet d'études professionnelles (BEP), la progression pourra se faire dans l'entreprise, mais sera forcément plus longue. Actuellement, les postes de direction détenus par des anciens opérateurs sont plus rares. Par contre, nombre d'entre eux sont devenus patrons de leur propre entreprise. L'idéal est donc de choisir la formation qui permette de faire la synthèse de ses goûts véritables, de ses aspirations en matière de cadre de travail et du domaine d'activité qui attire et, enfin, de bien considérer ses capacités de travail.

LES STAGES ET JOBS D'ÉTÉ

Multiplier les séjours en entreprise est la meilleure école pour aborder le monde du travail. Les expériences professionnelles permettent en effet une prise de contact efficace avec le terrain, une approche concrète des métiers qui existent dans une filière et de comprendre comment s'organise une production.

■ Définir une mission

Avoir des expériences est un bon moyen d'affiner son choix professionnel pour savoir ce qu'on veut réellement faire ou ne pas faire. La règle d'or est de favoriser la cohérence entre ses aspirations, sa formation et le choix des opportunités qui se présentent. Enrichissez vos connaissances, complétez votre formation et vous deviendrez un vrai pro dans votre domaine.

Une solution intéressante pour le candidat et l'entreprise est de construire sa proposition de service autour d'une mission à réaliser : à vous de la définir lors de votre demande, de la développer et de convaincre votre interlocuteur. Ce sera l'occasion de vous entraîner à prendre des renseignements sur le secteur d'activité de l'entreprise, ses produits et ses spécialités. C'est aussi un excellent exercice pour tester la pertinence de vos arguments et votre motivation. Et le recruteur a tout à y gagner : un stagiaire permet, à moindres frais, de tester les capacités d'une personne à s'intégrer dans une équipe.

■ Un passeport pour l'emploi

Le job, c'est aussi le moment idéal pour se faire remarquer, proposer des suggestions, lancer des idées, voire des projets. Il faut l'envisager comme une expérience professionnelle à part entière et miser sur la nouveauté et votre récente arrivée dans l'entreprise. Même si vous vous sentez par ailleurs inexpérimenté, le but du « jeu » est que votre présence ne soit pas ressentie comme une surcharge de travail pour vos collègues mais comme un véritable plus pour l'entreprise. « L'autonomie, la capacité à prendre des initiatives, qu'on teste rapidement en déléguant des responsabilités est un atout très recherché », indique Benoît Berger, directeur adjoint de site chez Dassault. Il faut que vous laissiez un bon souvenir de votre passage, par votre intérêt pour le domaine d'activité et votre intégration dans la vie de l'entreprise.

Car si vous avez déposé un CV et que votre profil les intéresse, les décideurs prendront d'abord des renseignements sur vous auprès de vos supérieurs et pourquoi pas, parfois, auprès d'autres entreprises où vous avez précédemment séjourné.

FAIRE JOUER SES RELATIONS

Sachez aussi que dans le contexte d'un marché de l'emploi peu fluide, des stratégies atypiques de recherche de salariés se sont mises en place. Ainsi, certaines entreprises vont même jusqu'à encourager leurs salariés à parrainer des candidats, à en présenter et à les récompenser en cas d'embauche.

Bien souvent, l'occasion faisant le larron, la société choisira une personne déjà « connue » et rapidement opérationnelle sur le poste de travail. Multiplier les expériences permet d'augmenter ses chances de bénéficier de telles opportunités.

Même si un stage ne débouche pas automatiquement et immédiatement sur un emploi, une bonne stratégie consiste à garder le contact avec vos anciens collègues. C'est une façon de se tenir informé de la vie de l'entreprise afin de saisir l'opportunité : départs en congés plus ou moins longs, surcharges de travail –synonymes de missions courtes –, campagnes de recrutement, etc. Un avantage sur les autres candidats qui peut faire la différence.

Garder le contact avec ses ex-camarades de classe est aussi un bon filon pour trouver un emploi comme Thierry, électricien chez un fabricant de moteurs marins : « c'est en consultant les petites annonces de l'association des anciens élèves de mon école que j'ai trouvé mon emploi. »

L'INTÉRIM

À mi-chemin entre le stage et le CDD, l'intérim est un excellent sésame pour l'emploi : outre l'avantage de multiplier les expériences, le recours à l'intérim permet de participer à des missions ponctuelles et d'élargir son champ de compétences, surtout pour les postes d'opérateur ou de technicien. D'ailleurs, si Marc Guillotin, dessinateur industriel chez un fabricant de

À SAVOIR

Muscler son CV

Plus on multiplie les expériences, plus on enrichit ses connaissances et mieux on remplit son CV : les recruteurs apprécient les candidats qui sont parvenus à multiplier stages et jobs et donc qui prouvent leur intérêt, voire leur passion, leur curiosité et leur dynamisme. Ainsi, on développe également ses capacités d'adaptation à des tâches et des environnements professionnels différents. L'expérience à l'étranger est un plus : « Les Français ne vont pas assez voir à l'étranger les autres façons de travailler, les différentes manières d'aborder une même question, ce qui est pourtant formateur », indique Roger Talon, designer.

Mais attention à quelques règles à respecter pour que votre expérience soit vraiment enrichissante : sa durée doit être de trois mois minimum car sinon, elle risque d'être considérée comme une simple période d'observation.

moteurs marins, avait un conseil à donner, ce serait justement de « passer par la case intérim qui permet de parfaire une formation théorique et pratique parfois incomplète ».

Autrefois peu pratiqué par les cadres et les jeunes diplômés d'école d'ingénieurs, l'intérim se développe aujourd'hui pour ces catégories. Le principal intérêt de cette formule est que l'on peut alterner périodes de travail et de repos, tant et si bien que certains considèrent cette façon de travailler comme un choix personnel. C'est aussi une façon de se constituer une carte de visite et de montrer sa détermination à enchaîner les contrats, ne pas s'enliser dans des périodes d'inactivité trop longues, synonymes de perte de pratique professionnelle.

DÉCROCHER UN EMPLOI

Si vous considérez que votre niveau de formation, les stages et les jobs que vous avez effectués mais aussi votre maturité sont suffisants, il est temps de postuler et de passer des entretiens d'embauche… Mode d'emploi pour savoir chercher et trouver votre poste idéal.

POSTULER

Pour décrocher un emploi, deux solutions s'offrent à vous : soit répondre à une petite annonce parue dans la presse, vue sur Internet ou encore sur Minitel, soit procéder par l'envoi de candidatures spontanées.

■ La candidature spontanée

Pour faire ses premiers pas dans le monde du travail, la candidature spontanée s'impose comme le moyen le plus simple et souvent le plus fructueux. En effet, ce n'est pas forcément la peine d'attendre la petite annonce qui convient exactement à votre profil car mieux vaut aller vous-même à la recherche de l'entreprise et du métier de vos rêves.

En cas de recrutement, beaucoup de sociétés piochent dans le stock des CV qu'elles reçoivent régulièrement. Dans les grandes entreprises, ils se comptent par milliers chaque année. Il arrive qu'on ne vous réponde pas du tout ou du moins pas tout de suite : en effet, cela ne signifie pas que votre candidature est perdue mais elle est conservée quelque temps au cas où on aurait besoin d'un profil similaire au vôtre. Certaines entreprises contactent les candidats des mois après réception pour un entretien. Pensez à contacter en priorité les firmes que vous connaissez, c'est là que vous aurez forcément le plus de chances.

CONSEIL

Si votre profil ne correspond pas...

Même si le profil recherché ne correspond pas à 100 % au vôtre, n'en faites pas un complexe d'infériorité. Et surtout ne vous découragez pas. Même si, a priori, vous semblez trop éloigné des exigences de l'annonce en matière de formation, de compétences ou d'expérience – ou si vous n'en possédez pas du tout –, vous pouvez postuler, à condition, bien sûr, d'être très motivé : votre détermination et votre dynamisme pourront peut-être faire la différence sur les autres candidatures.

■ Les petites annonces

Les petites annonces (les PA) vous permettent de connaître le marché du travail, prendre connaissance des profils recherchés et les secteurs qui recrutent.

Où les trouver. Les petites annonces sont une source d'informations intéressante pour se renseigner sur les profils les plus courtisés, les formations connues des recruteurs, les qualités et aptitudes appréciées : dynamisme, travail en équipe, créativité, autonomie... C'est une voie incontournable de la recherche d'emploi. Vous pouvez les consulter dans les ANPE, à l'APEC, mais aussi dans les pages emploi des quotidiens, des hebdomadaires généralistes ou spécialistes qui publient souvent des suppléments spéciaux, remplis de propositions d'emploi.

Comment répondre. Pour répondre à une petite annonce, il faut observer quelques règles spécifiques et différentes de celles que comporte la candidature spontanée. Il faut décrypter au mieux les informations données : il s'agit d'indices qui vous évitent de tomber à côté de la plaque. Ne négligez pas les informations sur l'entreprise, son secteur, la localisation de sa production, ses marchés et son histoire.

LE CV ET LA LETTRE DE MOTIVATION

Le CV, comme la lettre de motivation, doit donner l'envie à votre lecteur de vous rencontrer. Vous devez donc être particulièrement attentif et ne pas hésiter à en rédiger plusieurs, ciblés selon l'entreprise dans laquelle vous postulez.

■ Le CV

Attention à ne pas mélanger les genres : le CV ne doit pas contenir les mêmes infos que la lettre mais vient la compléter. Il est là pour exposer clairement et sans ambiguïté votre parcours, vos diplômes et vos expériences professionnelles.

La présentation. Un CV doit être très clair : certains recruteurs en reçoivent des dizaines par jour. Il faut donc leur en faciliter la lecture. Pour cela, n'hésitez pas à utiliser la mise en page, les caractères gras et les encadrés, sans exagérer pour ne pas brouiller la lisibilité du document. Le tout doit rentrer dans une page A4 et être composé au traitement de texte. Pas la peine d'indiquer CV en toutes lettres : vos coordonnées complètes en haut à gauche le signaleront aisément.

Vos points forts. Indiquez votre métier ou le poste envisagé en premier. Puis, mettez en valeur vos points forts en les hiérarchisant en fonction de votre destinataire : les expériences qui correspondent à son domaine, celles qui collent aux valeurs de l'entreprise et à son image, mais aussi aux infos contenues dans l'annonce (dans le cas d'une réponse à une offre d'emploi). En bref, faites en sorte que tout apparaisse clairement, au premier coup d'œil.

GROS PLAN

Des organismes pour vous aider

L'ANPE. Votre agence nationale pour l'emploi vous sera utile pour avoir des conseils, organiser votre recherche et éventuellement bénéficier de stages de formation. Vous pouvez même avoir un rendez-vous avec un conseiller qui vous orientera dans vos démarches et vous aidera à faire le point sur vos capacités et à déterminer un objectif de carrière. L'ANPE est également une bourse de l'emploi utile pour toutes les offres d'emploi qu'on peut y consulter. Vous y trouverez aussi à disposition tous les outils du chercheur d'emploi : un ordinateur pour vos CV, un téléphone, des annuaires d'entreprises. Les jeunes diplômés pourront bénéficier des services des espaces cadres de l'ANPE, des conseillers spécialisés mais aussi participer aux clubs de chercheurs d'emplois.

L'APEC. L'Association pour l'emploi des cadres s'adresse plus particulièrement aux jeunes diplômés possédant le niveau minimum bac+4. Elle offre des services gratuits et similaires à ceux de l'ANPE mais adaptés.

Les CIO et SCUIO. Les centres d'information et d'orientation et les services communs universitaires d'information et d'orientation sont à la disposition des étudiants.

Les CIJ. Les centres d'information jeunesse (CIDJ à Paris) organisent régulièrement des stages de recherche d'emploi : comment s'y prendre pour formuler sa demande, comment rédiger un CV performant et attractif, où se renseigner, quelle est la formation la mieux adaptée pour faire le métier choisi.

Les PAIO. Les permanences d'accueil d'information et d'orientation et les missions locales permettent, quant à elles, aux jeunes de moins de 26 ans de bénéficier de tous les services du chercheur d'emploi.

Si votre CV est un peu léger, vous pouvez quand même lui donner un côté attractif en mettant l'accent sur ce qui a bien marché. Développez vos expériences, les initiatives que vous avez prises y compris dans le secteur associatif ou social. Inutile de vous inventer des expériences ou des qualifications : elles ne tiendront pas la route lors de l'entretien. Le recruteur est, de plus, habitué à les repérer rapidement.

Les hobbies. Évitez les listes de hobbies sans aucun développement ou qui ne sont pas synonymes de valeurs intéressant un recruteur : privilégiez les sports d'équipes ou les activités au sein d'associations d'étudiant, ou autres, tout comme les projets collectifs que vous avez dirigés, même s'ils ne sont pas en rapport direct avec le travail.

■ La lettre de motivation

Il n'y a pas de lettre type, ni standardisée, pour démontrer votre détermination à intégrer l'entreprise. Le but numéro un de cette lettre est de donner envie à celui ou celle qui vous lit, de vous rencontrer. Il faut donc au préalable identifier clairement votre interlocuteur pour que vous puissiez personnaliser votre courrier afin d'éviter qu'il ne se perde ou qu'il ne soit adressé ou transmis au mauvais interlocuteur.

La présentation. Dans votre texte, éviter les formules faussement littéraires, qui font vite pompeux et forcé. Efforcez-vous de rédiger dans une langue simple et compréhensible de tous, sans ambiguïté ou allusions qui pourraient être mal interprétées, voire incomprises. Soyez bref : ne dépassez pas une page, composée de deux ou trois paragraphes. Terminez par une formule de politesse sobre. Restez attentif à l'orthographe et à la syntaxe qui doit être correcte.

L'écriture – attention : la lettre de motivation doit être absolument manuscrite – a son importance : appliquez-vous à former vos lettres correctement de manière à être lu facilement par le ou les destinataires car il se peut que votre lettre passe entre plusieurs mains. Les ratures, les surcharges, les taches et l'encre qui bave sont, cela va de soi, à proscrire : cela reflète un côté négligé et laisse transparaître une personnalité qui manque de rigueur, de sérieux. Enfin, bannissez les papiers à décoration ou format fantaisistes comme les carreaux ou les couleurs : choisissez un papier blanc de format A4.

Exposer votre projet. Pour y parvenir, la meilleure solution consiste tout de même à y exposer vos sentiments de manière franche, sans chercher à vous faire passer pour ce que vous n'êtes pas. Expliquer ce que vous attendez d'un poste dans l'entreprise sans trop avoir non plus recours à la flatterie dont votre lecteur ne sera pas dupe. Par contre, n'hésitez pas à exposer clairement tout ce que vous apporterez à l'entreprise en l'intégrant. Il n'est pas nécessaire de parler de vos échecs ou des expériences professionnelles que vous n'avez pas : positivez votre cursus en évitant les formulations négatives.

Bien cibler l'entreprise. Pour démontrer votre motivation et votre intérêt pour le secteur, pensez à vous tenir au courant de la vie de l'entreprise, de ses nouveaux produits et spécialités. Renseignez-vous sur son histoire, sa culture surtout s'il s'agit d'une entreprise « mythique ». Des informations que vous trouverez dans la presse spécialisée ou que vous obtiendrez en appelant l'entreprise directement : les services de documentation ou d'information fournissent souvent une plaquette de présentation de l'entreprise qui peut se révéler précieuse.

Ces informations vous seront utiles lors de l'entretien : rien ne fait plus mauvais effet que de ne rien savoir sur la maison à laquelle vous vous adressez, ou de vous contenter de banalités qui vous empêcheront d'approfondir la conversation. Vous pourrez ainsi montrer à votre interlocuteur votre intérêt et votre motivation pour le poste proposé. En revanche, si vous êtes incollable sur l'entreprise, vous serez déjà considéré comme un salarié à moitié intégré.

LES ENTRETIENS ET TESTS DE SÉLECTION

Votre lettre de motivation a séduit son destinataire ? Votre CV a suscité chez lui de l'intérêt et de la curiosité. Vous êtes sur la bonne voie, vous avez passé la première étape. À vous la suivante : l'entretien d'embauche. Pourtant vous n'êtes pas seul sur les rangs : d'autres, comme vous, ont aussi été retenus.

■ Selon la taille de l'entreprise

Plusieurs cas de figure se présentent alors suivant la taille de l'entreprise, son domaine d'activité et ses traditions.

Les grandes structures. Les entretiens d'embauche sont parfois nombreux et comportent différents niveaux : il s'agit souvent d'un recruteur en premier, puis d'un responsable du service dans lequel vous êtes susceptible de travailler. Chez Dassault Aviation, même l'opérateur en phase de recrutement est auditionné par le plus haut poste du site de production. Il arrive que la sélection comprenne plusieurs dizaines de candidats pour quatre ou cinq postes à pourvoir réellement.

Concrètement, l'entretien peut comporter plusieurs phases et se dérouler en tête à tête : vous rencontrez alors les personnes successivement. Il arrive aussi que le candidat soit face à plusieurs professionnels. Enfin, dans certains cas, des candidats et des recruteurs se réunissent et posent leurs questions.

Les PME. Dans les petites et moyennes entreprises, le recrutement se fait souvent avec le patron directement, le chef du personnel et un responsable du service concerné par l'embauche.

■ Soyez naturel

Dans tous les cas de figure, soyez naturel, inutile de bluffer votre monde en vous inventant des expériences que vous

À SAVOIR

Combien serez-vous payé ?

Les montants suivants représentent le salaire mensuel moyen brut en francs dans la construction navale, aéronautique et ferroviaire à la fin de l'année 1996. Pourtant, ces chiffres nécessitent quelques réserves : en effet, les salaires varient énormément suivant le secteur, la qualification, la formation, l'expérience et l'entreprise. Par exemple, un jeune ingénieur peut gagner 150 000 francs annuels brut mais, en fin de carrière, son salaire annuel brut peut grimper jusqu'à 450 000 francs.

Catégorie concernée	salaire
Salaire mensuel moyen du secteur	14 990
Ouvriers	11 020
Employés	12 250
Techniciens et agents de maîtrise	14 520
Cadres	23 755
Hommes	15 260
Femmes	13 100

Source : Le Nouvel Économiste, *1997.*

n'avez pas ou d'adopter un comportement éloigné de votre véritable personnalité. Au contraire, restez naturel, attentif aux questions et répondez franchement, sans vous soucier de l'interprétation que pourrait en faire le recruteur. Privilégiez le dynamisme, l'envie d'apprendre, votre adhésion à l'image de l'entreprise. Mettez en avant votre personnalité et positivez les échecs que vous aurez pu rencontrer.

Exprimez-vous clairement et adaptez votre propos à votre interlocuteur sans raconter une chose et son contraire à chacun d'entre eux. Mettez l'accent sur les éléments de votre parcours qui vont l'intéresser. N'hésitez pas à poser des questions : cela montrera votre curiosité et votre intérêt pour l'entreprise.

■ Les tests de sélection

Que vous soyez recruté directement par une grande entreprise industrielle ou un cabinet de recrutement, sachez que vous aurez à passer des tests de sélection. Ne soyez pas effrayé ni intimidé, ces tests de sélection servent d'outil d'aide à la décision et viennent compléter l'opinion que le recruteur s'est faite de vous pendant l'entretien. Ils ne sont pas utilisés pour vous piéger mais simplement pour vérifier que vous êtes bien « la perle rare » que l'entreprise attend et recherche.

La graphologie. Un des tests les plus courants est la graphologie, souvent pratiquée sur la lettre de motivation que vous avez adressée à l'entreprise. Cependant, il arrive parfois qu'on vous en demande un peu plus : recopier un texte, le prendre en dictée ou écrire seulement quelques phrases.

Les autres tests. Les tests de personnalité sont les plus connus et consistent à vous demander à quoi, par exemple, vous font penser des taches d'encre. Les tests d'intelligence consistent, quant à eux, à évaluer votre mémoire, votre rapidité, votre capacité à conceptualiser un problème, votre esprit d'analyse et de synthèse. On peut aussi être amené à tester vos connaissances techniques ou en langue étrangère, même si, elles sont souvent vérifiées lors de l'entretien. Enfin, il existe encore toute une panoplie de tests plus ou moins fantaisistes et relativement peu pratiqués – heureusement – comme la psychomorphologie, la numérologie ou encore l'astrologie.

CARNET D'ADRESSES

Les fédérations professionnelles

L'Union des industries métallurgiques et minières (UIMM) compte de nombreuses fédérations professionnelles qui peuvent vous aider dans le cadre du choix d'une formation en apprentissage, d'une recherche d'emploi ou de l'étude d'un secteur et des fonctions professionnelles qui lui sont liées. Pour tout renseignement, vous pouvez consulter son site Internet : http://www.uimm.fr

■ Aéronautique

Groupement des industries françaises aéronautiques et spatiales
4, rue Galilée, 75782 Paris cedex 16,
tél. 01.44.43.17.00, fax. 01.40.70.91.41.

Syndicat des fabricants d'organes et d'équipements aéronautiques et spatiaux
4, rue Galilée, 75782 Paris cedex 16,
tél. 01.44.43.17.60, fax. 01.40.70.91.41.

■ Automobile

Comité des constructeurs français d'automobiles
2, rue de Presbourg, 75008 Paris,
tél. 01.49.52.51.00, fax. 01.47.23.74.73.

Conseil national des professions de l'automobile (CNPA)
50, rue Rouget-de-Lisle,
92158 Suresnes cedex, tél. 01.40.99.55.00,
fax. 01.47.28.44.15.

Fédération française de la carrosserie
35, rue des Renaudes, 75017 Paris,
tél. 0144.29.71.00, fax. 01.42.67.48.21.

■ Chemin de fer

Fédération des industries ferroviaires
12, rue Bixio, 75007 Paris,
tél. 01.45.56.13.53.

■ Construction électrique, électronique et communication

Fédération des industries électriques, électroniques et de communication (FIEEC)
11-17, rue Hamelin,
75783 Paris cedex 16,
tél. 01.45.05.70.70, fax. 01.45.53.03.93.

Groupement des industries de télécommunications et d'électronique professionnelle (GITEP)
tél. 01.45.05.70.70, fax. 01.45.53.09.23.

Syndicat de l'industrie des technologies de l'information (SFIB)
tél. 01.45.05.71.05, fax. 01.45.05.71.09.

Syndicat de l'éclairage
52, bd Malesherbes, 75008 Paris,
tél. 01.43.87.04.41, fax. 01.42.93.07.55.

Syndicat de la mesure
39-41, rue Louis-Blanc,
92400 Courbevoie,
tél. 01.43.34.76.80, fax. 01.43.34.76.82
Coordonnées postales :
92038 Paris-La Défense cedex.

Groupement interprofessionnel des fabricants d'appareils d'équipement ménager (GIFAM)
39, av. d'Iéna, 75783 Paris cedex 16,
tél. 01.53.23.06.53, fax. 01.47.20.20.73.

Groupement de la plasturgie industrielle et des composites (GPIC), commission isolants électriques
65, rue de Prony, 75854 Paris cedex 17,
tél. 01.44.01.16.16, fax. 01.42.67.77.19.

Syndicat des entrepreneurs de réseaux et de constructions électriques (SERCE)
28, rue Bayard, 75008 Paris,
tél. 01.47.20.42.30, fax. 01.47.23.53.49.

Groupement des industries du luminaire (GIL)
8, rue Saint-Claude, 75003 Paris,
tél. 01.42.78.48.05, fax. 01.42.78.21.34.

Syndicat national de l'industrie des technologies médicales (SNITEM)
cedex 72, 92038 Paris-La Défense,
tél. 01.47.17.63.88, fax. 01.47.17.63.89.

Syndicat professionnel des fabricants de fils et câbles électriques (SYCABEL)
3, avenue Hoche, 75008 Paris,
tél. 01.47.64.68.10, fax. 01.47.64.68.11.

■ Constructions métalliques

Syndicat de la construction métallique de France (SCMF)
20, rue Jean-Jaurès,
92807 Puteaux cedex,
tél. 01.47.74.66.15, fax. 01.40.90.08.60.

■ Électrométallurgie

Chambre syndicale de l'électrométallurgie et de l'électrochimie
30, avenue de Messine, 75008 Paris,
tél. 01.45.61.06.63, fax. 01.45.63.61.54.

■ Equipements pour véhicules

Fédération des industries des équipements pour véhicules (FIEV)
79, rue Jean-Jacques-Rousseau,
92150 Suresnes,
tél. 01.46.25.02.30, fax. 01.46.97.00.80.

Syndicat des fabricants d'équipements et de pièces pour automobiles
79, rue Jean-Jacques-Rousseau,
92150 Suresnes,
tél. 01.46.25.02.30, fax. 01.46.97.00.80.

Syndicat des fabricants d'équipements et de pièces pour cycles et motocycles
79, rue Jean-Jacques-Rousseau,
92150 Suresnes,
tél. 01.46.25.02.35, fax. 01.40.99.06.20.

Groupement des constructeurs de cycles
79, rue Jean-Jacques-Rousseau,
92150 Suresnes,
tél. 01.46.25.02.35, fax. 01.40.99.06.20.

■ Motocycle

Chambre syndicale nationale du motocycle
79, J.-J.-Rousseau, 92150 Suresnes,
tél. 01.46.25.02.35, fax. 01.40.99.06.20.

■ Fondeurs

Syndicat général des fondeurs de France
45, rue Louis-Blanc, 92400 Courbevoie.
Coordonnées postales :
92038 Paris-La Défense cedex,
tél. 01.43.34.76.30, fax. 01.43.34.76.31.

■ Génie climatique

Syndicat du génie climatique de Paris et de sa région (SGC)
10, rue du Débarcadère,
75852 Paris cedex 17,
tél. 01.40.55.14.14, fax. 01.40.55.14.37.

■ Gravure et flexographie

Chambre syndicale nationale des graveurs et flexographes (gravure, tampons, marquage, signalisation)
17, rue Pastourelle, 75003 Paris,
tél. 01.42.72.14.11, fax. 01.40.27.09.74.

Gravure chimique

Chambre syndicale des fabricants de gravure chimique de France et industries similaires
198, boulevard Félix-Faure,
BP 102, 93303 Aubervilliers cedex,
tél. 01.48.33.26.46, fax. 01.48.33.15.15.

Industrie et commerce phonographiques

Syndicat national de l'édition phonographique (SNEP)
27, rue du Docteur-Lancereaux,
75008 Paris, tél. 01.44.13.66.65,
fax. 01.53.76.07.30/01.53.76.07.33.

Mécanique

Fédération des industries mécaniques (FIM)
Maison de la mécanique,
39-41, rue Louis-Blanc,
92400 Courbevoie, tél. 01.47.17.60.00,
fax. 01.47.17.64.99.
Adresse postale :
92038 Paris-La Défense.

Syndicat national de la chaudronnerie, de la tôlerie et de la tuyauterie industrielle (SNCT)
tél. 01.47.17.62.70, fax. 01.47.17.62.77.

Syndicat des constructeurs de turbines et de matériels énergétiques lourds (SYSTEMEL)
tél. 01.47.17.60.48, fax. 01.47.17.60.45.

Syndicat des constructeurs de moteurs à combustion interne (SCMCI)
tél. 01.47.17.62.81, fax. 01.47.17.62.82.

Syndicat des constructeurs de petites turbines hydrauliques (SCPTH)
tél. 01.47.17.62.81, fax. 01.47.17.62.82.

Association française des constructeurs de pompes (AFCP)
tél. 01.47.17.62.98, fax. 01.47.17.63.00.

Syndicat des constructeurs de compresseurs (SCC)
tél. 01.47.17.62.81, fax. 01.47.17.62.82.

Union intersyndicale des constructeurs de matériel aéraulique, thermique et frigorifique (UNICLIMA)
tél. 01.47.17.62.92, fax. 01.47.17.64.27.

Groupement des fabricants de matériels de chauffage central par l'eau chaude et de production de l'eau chaude sanitaire (GFCC)
tél. 01.47.17.61.64, fax. 01.47.17.60.03.

Association française des industries de la robinetterie (AFIR)
tél. 01.47.17.62.98, fax. 01.47.17.63.00.

Fédération française du matériel d'incendie (FFMI)
tél. 01.47.17.63.03, fax. 01.47.17.63.05.

Union nationale des industries de transmissions oléo-hydrauliques et pneumatiques (UNITOP)
tél. 01.47.17.63.09, fax. 01.47.17.63.10.

Union des industries d'équipements pour la construction des infrastructures, la métallurgie (MTPS)
tél. 01.47.17.63.20, fax. 01.47.17.62.60.

Syndicat des industries de matériels de manutention
tél. 01.47.17.63.27, fax. 01.47.17.63.30.

Syndicat des constructeurs de matériels pour mines et travaux souterrains (SYRAMINES)
tél. 01.47.17.63.40, fax. 01.47.17.63.42.

Syndicat des constructeurs de matériels pour le génie chimique (SYMAGEC)
tél. 01.47.17.63.64, fax. 01.47.17.63.65.

Union des constructeurs de matériel textile de France (UCMTF)
tél. 01.47.17.63.45, fax. 01.47.17.63.48.

Syndicat des constructeurs de machines pour les industries du papier, du carton et des arts graphiques, de l'emballage et du conditionnement (SCIPAG/EMBALCO)
tél. 01.47.17.63.50, fax. 01.47.17.67.25.

Union des industries des machines pour chaussures, tannerie et maroquinerie (UMCTM)
tél. 01.47.17.67.17, fax. 01.47.17.67.25.

Association française des industries du moule, modèle et maquette (AFIM)
tél. 01.47.17.63.57, fax. 01.47.17.63.60.

Syndicat national de l'équipement des grandes cuisines (SYNEG)
tél. 01.47.17.63.62, fax. 01.47.17.63.65.

Syndicat des constructeurs français de matériel pour le caoutchouc et les matières plastiques (SYMACAP)
tél. : 01.47.17.63.58, fax. 01.47.17.63.60.

Association des constructeurs de matériels alimentaires (ACMA)
tél. 01.47.17.63.64, fax. 01.47.17.63.65.

Syndicat de la machine-outil, du soudage, de l'assemblage et de la productique associée (SYMAP)
tél. 01.47.17.67.17, fax. 01.47.17.67.25.

Syndicat de l'industrie de l'outillage (outils à main, mécaniques et portatifs) (SIO)
tél. 01.47.17.64.58, fax. 01.47.17.64.55.

Chambre syndicale des fabricants de pièces et d'outils en carbures métalliques durs
41, rue Barrault, 75013 Paris,
tél. 01.38.41.42.10, fax. 01.38.41.43.75.

Union nationale des industries de transmissions mécaniques (UNITRAM)
tél. 01.47.17.63.69, fax. 01.47.17.63.70.

Syndicat général des industries de matériels et procédés pour les traitements de surfaces (SITS)
tél. 01.47.17.63.73, fax. 01.47.17.63.74.

Syndicat général des constructeurs de tracteurs et machines agricoles (SYGMA)
19, rue Jacques-Bingen, 75017 Paris,
tél. 01.42.12.85.90, fax. 01.40.54.95.60.

Syndicat de la mesure
tél. 01.47.17.63.76, fax. 01.47.17.63.77.

Syndicat national de l'industrie des technologies médicales (SNITEM)
tél. 01.47.17.63.88, fax. 01.47.17.63.89.

Association française de la mécanique de haute précision
tél. 01.47.17.63.91, fax. 01.47.17.63.93.

Groupement des industries françaises de l'optique (GIFO)
tél. 01.47.17.64.00, fax. 01.47.17.63.98.

Chambre syndicale des fabricants et négociants d'appareils de laboratoire (FABRILABO)
tél. 01.47.17.64.06, fax. 01.47.17.64.99.

Syndicat national des abrasifs et super-abrasifs (SNAS)
tél. 01.47.17.64.58, fax. 01.47.17.64.55.

Syndicat des industries du matériel photo, cinéma substandard, vidéo et industries connexes
5 *bis*, rue Jacquemont, 75017 Paris,
tél. 01.40.25.96.65.

Groupement français des industries transformatrices des métaux en feuilles minces (GIMEF)
tél. 01.47.17.64.10, fax. 01.47.17.64.14.

Syndicat national de l'estampage et de la force (SNEF)
tél. 01.47.17.64.17, fax. 01.47.17.64.99.

Syndicat national du décolletage (SNDEC)
2, avenue de Châtillon, 74300 Cluses.

Association des fabricants de fixations mécaniques (AFFIX)
tél. 01.47.17.64.24, fax. 01.47.17.64.26.

Syndicat national des fabricants de ressorts (SNFR)
tél. 01.47.17.64.10, fax. 01.47.17.64.14.

Association de la mécanique industrielle et des constructions spéciales (AMICS)
tél. 01.47.17.64.30, fax. 01.47.17.64.28.

Syndicat national des entreprises d'applications de revêtements et traitements de surfaces (SATS)
tél. 01.47.17.64.34, fax. 01.47.17.61.05.

Syndicat national du matriçage laiton et métaux non ferreux
tél. 01.47.17.63.91, fax. 01.47.17.63.93.

Syndicat national des matériels et articles de protection (SYNAMAP)
tél. 01.47.17.64.36, fax. 01.47.17.64.97.

Syndicat national des articles métalliques et de leurs dérivés (SNAM)
tél. 01.47.17.64.40, fax. 01.47.17.68.17

Syndicat national des fabricants de boîtes, emballages et bouchages métalliques (SNFBM)
tél. 01.47.17.64.47, fax. 01.47.17.64.46.

Syndicat français de l'industrie des fûts en acier
tél. 01.47.17.64.48, fax. 01.47.17.64.99.

Syndicat national du mobilier métallique
tél. 01.47.17.60.70, fax. 01.47.17.60.70.

Union nationale des industries de la quincaillerie (UNIQ)
16, avenue Hoche, 75008 Paris,
tél. 01.45.63.20.75, fax. 01.45.63.40.52.

Union intersyndicale des fabricants d'articles pour la table, le ménage et activités connexes (UNITAM)
tél. 01.47.17.64.62, fax. 01.47.17.64.61.

■ Minerais et métaux

Fédération des chambres syndicales des minerais, minéraux industriels et métaux non ferreux
30, avenue de Messine, 75008 Paris,
tél. 01.45.63.02.66, fax. 01.45.63.61.54.

Syndicat général des affineurs de France
30, avenue de Messine, 75008 Paris,
tél. 01.45.63.72.32.

Chambre syndicale de l'aluminium et de ses alliages
30, avenue de Messine, 75008 Paris,
tél. 01.45.63.02.66.

Chambre syndicale du cuivre et de ses alliages
30, avenue de Messine, 75008 Paris,
tél. 01.45.63.02.66.

Syndicat professionnel des transformateurs de cuivre et d'alliages de cuivre
30, avenue de Messine, 75008 Paris,
tél. 01.45.63.02.66.

Chambre syndicale de l'électrométallurgie et de l'électrochimie (pour aluminium et magnésium)
30, avenue de Messine, 75008 Paris,
tél. 01.40.76.44.50.

Chambre syndicale des fondeurs, affineurs et négociants de métaux précieux
13, rue de Montmorency, 75139 Paris cedex 03, tél. 01.44.61.30.00.

Chambre syndicale des industries minières
30, avenue de Messine, 75008 Paris,
tél. 01.45.63.02.66.

Chambre syndicale des métaux et produits spéciaux
30, avenue de Messine, 75008 Paris,
tél. 01.45.63.02.66.

Chambre syndicale des métaux blancs
30, avenue de Messine, 75008 Paris,
tél. 01.45.63.02.66.

Chambre syndicale du nickel et de ses alliages
30, avenue de Messine, 75008 Paris,
tél. 01.45.63.02.66.

Chambre syndicale du plomb et de ses alliages
30, avenue de Messine, 75008 Paris,
tél. 01.45.63.02.66.

Association professionnelle des produits minéraux industriels
30, avenue de Messine, 75008 Paris,
tél. 01.45.63.02.66, fax. 01.45.63.61.54.

Chambre syndicale du zinc et du cadmium
30, avenue de Messine, 75008 Paris,
tél. 01.45.63.02.66, fax. 01.45.63.61.54.

■ Mines de fer

Chambre syndicale des mines de fer de France
56, avenue de Wagram,
75854 Paris cedex 17,
tél. 01.40.54.20.26, fax. 01.47.66.22.74.

Navires

Chambre syndicale des constructeurs de navires
47, rue de Monceau, 75008 Paris,
tél. 01.53.89.52.01, fax. 01.53.89.52.15.

Réparation navale

Syndicat national des industries de la réparation navale
47, rue de Monceau, 75008 Paris,
tél. 01.53.89.52.01, fax. 01.53.89.52.15.
Adresse postale : Sirena c/Cie Marseillaise de Réparation, zone de Mourepiane, bassin de Radoub, BP57, 13315 Marseille cedex 15.

Sels, gemmes et ignigènes

Comité des salines de France
17, rue Daru, 75008 Paris,
tél. 01.47.66.52.90.

Sidérurgie

Fédération française de l'acier (FFA)
immeuble Pacific, 92070 Paris-La Défense,
tél. 01.41.25.58.00, fax. 01.41.25.59.81.

Groupement des entreprises sidérurgiques et minières (GESIM), bureau lorrain
1, rue Eugène-Schneider, 57000 Metz,
tél. 03.87.39.43.00, fax. 03.87.30.53.71.
Adresse postale : BP 50409,
57016 Metz cedex 01.

Groupement des industries de l'acier de la région Nord de la France (GIANORD)
2, rue Émile-Zola, 59125 Trith-Saint-Léger,
tél. 03.27.14.20.24, fax. 03.27.14.20.10.

Syndicat des producteurs d'aciers de coutellerie (SPAC)
immeuble Pacific, 92070 Paris-La Défense,
tél. 01.41.25.57.17, fax. 01.41.25.57.25.

Chambre syndicale des producteurs d'aciers fins et spéciaux (SPAS)
immeuble Pacific, 92070 Paris-La Défense,
tél. 01.41.25.57.17, fax. 01.41.25.57.25.

Chambre syndicale des aciers pour emballage
immeuble Pacific, 92070 Paris-La Défense,
tél. 01.41.25.58.00 fax. 01.41.25.58.58.

Chambre syndicale des tôles revêtues (CSTR)
immeuble Pacific, 92070 Paris-La Défense,
tél. 01.41.25.58.00 fax. 01.41.25.58.58.

Chambre syndicale des relamineurs transformateurs et producteurs
immeuble Pacific, 92070 Paris-La Défense,
tél. 01.41.25.57.16, fax. 01.41.25.59.81.

Syndicat français du tissage métallique (SFTM)
16, avenue Hoche, 75008 Paris,
tél. 01.45.61.17.41, fax. 01.45.63.73.07.

Syndicat national des fabricants d'étirés et de profiles pleins en acier
2, rue de Logelbach, 75017 Paris,
tél. 01.47.54.94.27, fax. 01.47.54.94.28.

Syndicat national du profilage des produits plats en acier
2, rue Logelbach, 75017 Paris,
tél. 01.42.12.70.75, fax. 01.47.54.94.45.

Syndicat national du laminage à froid du feuillard d'acier
2, rue de Logelbach, 75017 Paris,
tél. 01.42.12.70.70, fax. 01.47.54.94.45.

Syndicat national du tréfilage de l'acier
2, rue Logelbach, 75017 Paris,
tél. 01.47.54.94.27, fax. 01.47.54.94.28.

Union des syndicats de la première transformation de l'acier (USTRA)
2, rue de Logelbach, 75017 Paris
tél. 01.47.54.94.27, fax. 01.47.54.94.28

INDEX

A

C

E - F - G

I - J

L - M

N - O

P

Q

R - S

T-Z

DONNEZ-NOUS VOTRE AVIS !

Ce livre est remis à jour régulièrement.
Pour l'améliorer, votre avis nous est indispensable.
N'hésitez pas à nous communiquer critiques et suggestions.

Nom .... Prénom ....

Âge .... Niveau d'études ....

Adresse ....

.... tél. ....

À RETOURNER À OLIVIER ROLLOT, « LES GUIDES DE L'ETUDIANT »
27, RUE DU CHEMIN-VERT - 75543 PARIS CEDEX 11

OU À JEAN-PAUL DE JABRUN
UIMM - 56, AVENUE DE WAGRAM - 75017 PARIS

Les Guides de l'Etudiant
Directeur de collection : Olivier Rollot
Responsables d'édition : Christine Aubrée, Laurence Merland,
Assistantes d'édition : Séverine Maestri, Pascale Tréguer.
Secrétariat de rédaction/maquette :
Françoise Granjon (première secrétaire de rédaction),
Claire Alméras, Agnès Barboux, Paule Palacios-Dalens, Véronique Jollé

27, rue du Chemin-Vert, 75543 Paris cedex 11
Dépôt légal : septembre 1998

Imprimerie Darantiere : n° d'impression 98-0738

ISBN 2-86745-735-1
ISSN 1262-327X
Série Bravo l'industrie : ISSN en cours